沖縄グスク時代の動物

グスク時代は琉球が東シナ海の中継点として海外との交歩を活発に展開した時代である。内部では首長勢力が台頭し，グスクを拠点として，やがて来たるべき「琉球王国」への道を歩みつつあった。陶磁器や鉄製武器などの新しい外来文化がもたらされ，牛馬も登場する。ジュゴン製の鏃やサイコロも，新しい時代の動きの中で生み出された，動物素材活用の一面である。

構　成／安里嗣淳
写真提供／沖縄県教育委員会

勝連城跡の全景
骨製品など多くの遺物が写真右の崖下から出土した

ジュゴン製の骨鏃（上段），肋骨（下段左）と
細型鏃（下段右端）（勝連城跡出土）

ジュゴンの肩甲骨（勝連城跡出土）

加工状況を示すジュゴンの肋骨（勝連城跡出土）

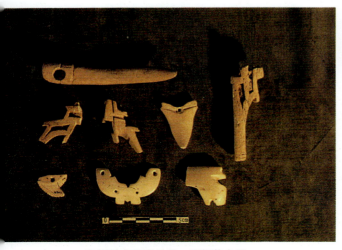

沖縄縄文時代の骨・貝製装身具

骨製サイコロ（勝連城跡）

薩南諸島の動物

縄文時代前期轟式の時期（約6,300年前）に，鬼界カルデラの大爆発によって南九州は大被害を受けた。とくに火口に近い種子島，屋久島，薩摩・大隅両半島中南部は火砕流に襲われて生物は絶滅したとみられる。その後，西海岸から薩南諸島へかけて，南九州で初めて貝塚が形成された。被害からの回復は海岸地帯が早かったのであろう。

構　成／河口貞徳

鬼界カルデラ火砕流
中央は火砕流の直撃を受けた轟Ⅰ式の集石遺構

（層序：黒褐色表土層／紅褐色層／褐色層／鬼界カルデラ火砕流（幸屋火砕流）（6,300年前）／褐色粘質層／黒褐色粘質層／桜島パミス（1万年前））

草野貝塚の貝の堆積状況

クジラ脊椎骨（草野貝塚出土）

軽石製舟（草野貝塚出土）
市来式の人々は遠く沖縄まで足跡を残している。おそらくこのような独木舟で航海したのであろう。

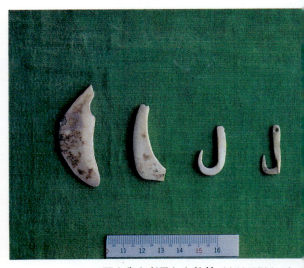

イノシシ下顎犬歯を利用した釣針（高橋貝塚出土）
弥生時代前期

栃原岩陰遺跡の動物

長野県南佐久郡北相木村にある栃原岩陰遺跡は，昭和40年に発見された。12体に及ぶ人骨，多種多様な土器・石器・骨角器のほかに 231 kgに達する動物骨を出土している。哺乳類はイヌを含め6目24種が同定された。これらの遺物は，早期縄文時代人とその生活・文化の全容を物語る貴重な資料である。

構　成／宮尾嶽雄・西沢寿晃

遺跡全景

遺物包含層の堆積状況

ニホンザル下顎骨の出土状況

イヌの上顎犬歯（全長35.25mm）　左は現代柴犬（雌）

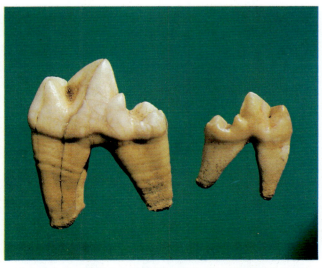

オオカミの下顎第1大臼歯（高さ35.5mm）　右は現代柴犬（雌）

石鏃のささる獣骨

田柄貝塚は宮城県気仙沼市所沢にある縄文時代後期末葉を中心として形成された鹹水貝塚である。台上2カ所にある貝塚のうち1カ所がバイパス路線内に入ることから昭和54年に発掘された。ハマグリ，アサリ，オキシジミが主体貝種で，大規模な貝塚としては初めての全堆積層の採取・分析を行なっている。

貝層部の発掘

1 上下二カ所に傷
イノシシ左 No.6 肋骨

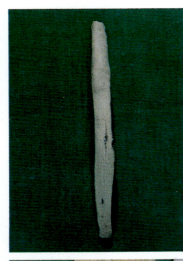

2 中央と下に傷
イノシシ左 No.12 肋骨

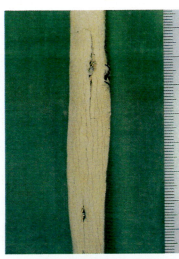

3 左写真の拡大

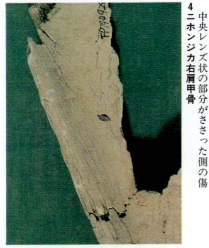

4 中央レンズ状の部分がささった側の傷
ニホンジカ右肩甲骨

5 左写真の裏側

6 左寄り縁辺部と中央に傷
イノシシ右肩甲骨片

7 前面、矢印の個所に傷
ニホンジカ右橈骨

8 橈骨の内側
左写真に同じ

9 傷口を示す
左写真に同じ

季刊 考古学 第11号

特集 動物の骨が語る世界

●口絵(カラー) 沖縄グスク時代の動物
薩南諸島の動物
栃原岩陰遺跡の動物
石鏃のささる獣骨 宮城県田柄貝塚
(モノクロ) 仙台湾沿岸の動物
クジラ類イルカ類の頭骨
江戸の街の人々と動物

動物遺存体と考古学────金子浩昌・丹羽百合子 (14)

縄文時代人と動物
北海道・本州東北におけるオットセイ猟
の系譜────金子浩昌・西本豊弘 (17)
仙台湾沿岸の貝塚と動物────後藤勝彦 (23)
相模湾のイルカ猟────栗野克巳・永浜真理子 (31)
中部山岳地帯の動物────宮尾嶽雄・西沢寿晃 (35)
西海・五島列島をめぐる漁撈活動────安楽 勉 (39)
鹿児島県下の貝塚と獣骨────河口貞徳・西中川駿 (43)
石器時代人と狩猟鳥獣────宇田川龍男 (48)
儀礼と動物────土肥 孝 (51)

数量分析への検討
　貝塚の調査と季節性　　　　　　　　　　　　　　中村若枝　(58)
　脊椎動物遺存体の観察と分析　　　　　　　　　　丹羽百合子　(61)
◆中・近世考古学と動物
　沖縄グスク時代の文化と動物　　　　　　　　　　安里嗣淳　(68)
　江戸・鎌倉の街から出土した動物遺体　　　　　　金子浩昌　(71)
　動物遺存体の取り扱いと保存処置　　　　　　　　宮沢健二　(74)

最近の発掘から
　縄文前期のフラスコ状土壙群　山形県吹浦遺跡　　渋谷孝雄　(81)
　6世紀前半の前方後円墳　京都府物集女車塚古墳　　宮原晋一　(83)

連載講座　古墳時代史
　10．反乱伝承と古墳(1)　　　　　　　　　　　　石野博信　(85)

講座　考古学と周辺科学　7
　動物学　　　　　　　　　　粕谷俊雄・金子浩昌・西本豊弘　(91)

書評　　　　　(96)
論文展望　　　(99)
文献解題　　　(101)
学界動向　　　(104)

表紙デザイン／目次構成／カット
／サンクリエイト・倉橋三郎

宮城県田柄貝塚

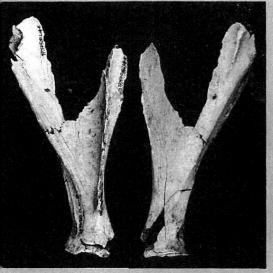

シカ右側肩甲骨

各骨の細部

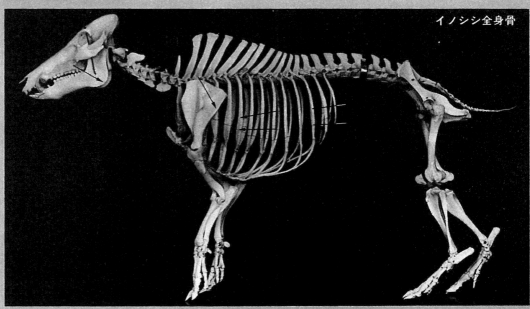

イノシシ全身骨

各骨の細部解説
1 肩甲骨の外側にみられる石鏃の射込まれた孔。
2 同裏面の骨壁を突き貫けた方の孔。孔の周囲の骨は剥離している。
3 肋骨の外側に射込まれた傷。石鏃が縦方向にささり骨に亀裂が生じている（b）。骨の中にはくだけた石片が残る。cは横位にささり、貫けていない。

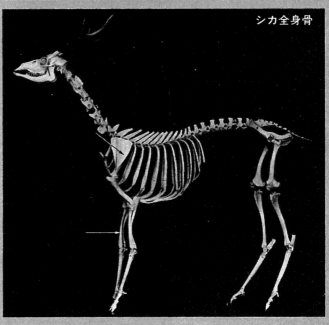

シカ全身骨

動物骨に石鏃・槍先などの刺った例、あるいはその確かな痕跡を認める例はまだ極めて少ない。田柄貝塚からはそれが6例も発見されたのである。うち4例が肩甲骨と肋骨であった。肋骨の2例はそれぞれに2ヵ所傷痕があり、矢が集中的に射られたことを示している。肩甲骨の2例とともに、胸部射撃が的確に行なわれた証拠であろう。この射撃がもっとも有効であることはいうまでもない。これらの傷跡には骨増殖の痕跡がなく、同時に射込まれた内臓に達する矢あるいは別の傷が致命傷となったのであろう。

構　成／阿部　恵
写真提供／金子浩昌・西本豊弘

仙台湾沿岸の動物

貝塚密集地域として有名な仙台湾沿岸は動物遺存体が豊富で，また漁撈用具にも秀れたものがあり，盛んな漁撈活動の跡を示している。下の遺物出土写真はいずれも南境貝塚である。

構 成／後藤勝彦

スガイ主体の貝層（桂島貝塚）

アサリ主体の薄い重層（宮戸島貝塚西畑地区）

マグロの椎骨

イノシシ上顎骨

落角の加工品　製品への経過を示す

2本まとまって出土した釣針

クジラ類イルカ類の頭骨

イルカ類もその特徴は頭蓋や下顎骨の形態によくみられる。歯の数はマッコウクジラ下顎に20〜28本，以下はいずれも上下にマイルカ40〜50本，カマイルカ27〜32本，ハンドウイルカ20〜25本，ネズミイルカ22〜30本，マゴンドウ8〜10本，オキゴンドウ8〜11本がある。現生種と比べ形態的な差違や分布上の問題などが指摘され，今後の研究が注目される。　構　成／金子浩昌

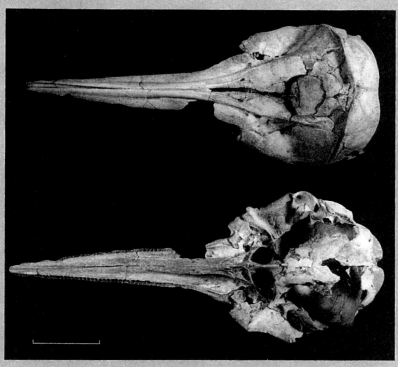

マイルカ頭蓋骨（青が台貝塚）

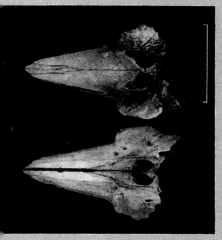

〈スケールは10cmを示す〉

カマイルカ頭蓋骨
（入江貝塚）

ネズミイルカ頭蓋骨
（東釧路貝塚）

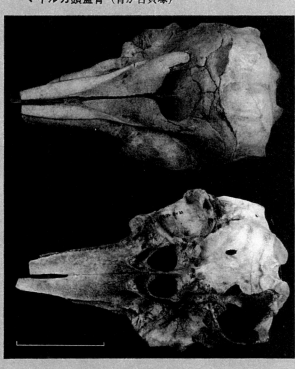

ハンドウイルカ前上顎・上顎骨（称名寺貝塚）

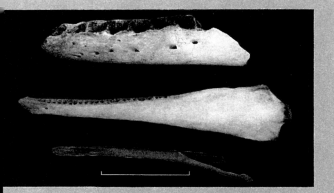

オキゴンドウ，カマイルカ（以上入江貝塚），セミイルカ（大坪遺跡）下顎骨（上から）

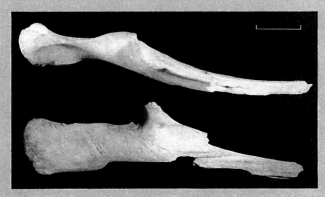

コイワシクジラ右下顎骨（神恵内観音洞遺跡）

江戸の街の人々と動物

構成／金子浩昌

上段写真は東京都一ツ橋遺跡から出土した2つのイヌの頭蓋。左は中型犬で額のところの段が明瞭で頭も丸い。かつての縄文犬の面影は全くない。右のは愛玩用の小型の犬でテリヤタイプ。下段写真は動坂遺跡の鷹匠同心屋敷跡の土壙から出土した鳥骨である。スズメやハトは鷹の餌とされたものの残りであった。

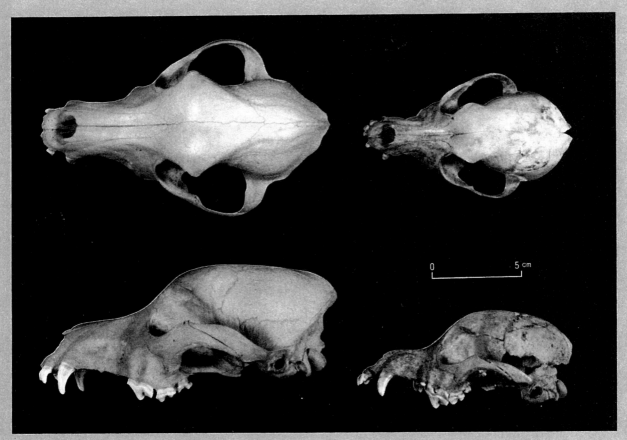

犬の頭蓋骨（上面観と側面観）（一橋遺跡出土）

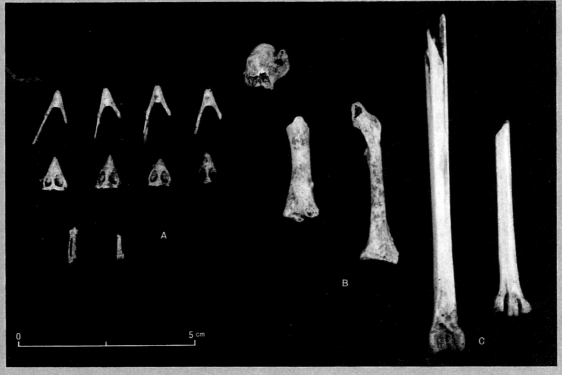

鳥類の骨
（動坂遺跡出土）
A：スズメ（歯骨・
　　　歯骨・中
　　　骨・脛骨
B：ハト（上腕骨
　　　分・烏口
C：サギ（脛骨と
　　　足骨の残

季刊 考古学

特集

動物の骨が語る世界

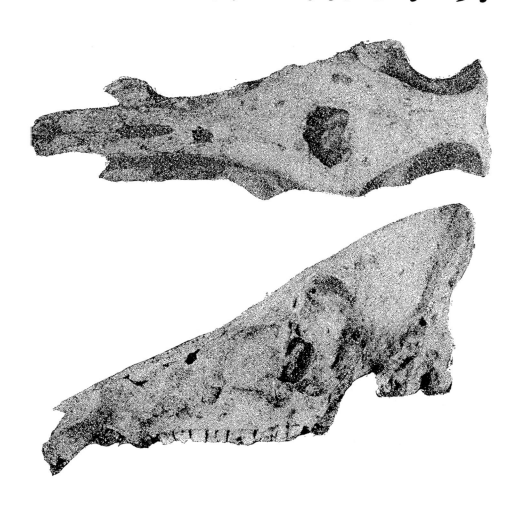

特集●動物の骨が語る世界

動物遺存体と考古学
——動物遺存体研究への展望——

早稲田大学考古学研究室 　金子浩昌・丹羽百合子
　　　　　　　　　　　　（かねこ・ひろまさ）　（にわ・ゆりこ）

動物遺体への関心が高まる一方で，考古学者のこれに対する積極性と体制づくりが問われている。ここにその新たな方向を示す

1 動物と縄文人

　南北に長い日本列島——複雑な地形と，そこに生育する様々な動植物の資源，この中で人々がどのように生活してきたか，とりわけ動物とどのような関わりを持ってきたのかを，長い歴史の流れの中でみていくこと，それはそのまま日本人の文化の発達と変化の軌跡を辿り得る一つの大きな道筋である。

　植物や鉱物資源は，どちらかといえば受動的に人々の資源利用の手に委ねられているといえようが，動物に対しては，人々は能動的かつ積極的な働きかけの中で，両者の関係を維持しようと努力して来た。そうした過程で貝・魚・鳥・獣その他様々な動物の生態や，獲得の条件を知り，対応する技術が工夫されてきたのである。また逆に言えば，人々の生活は，広汎な自然の生態系の中に組み込まれて成立しており，生きた時代が自然に依存する度合いが強ければそれだけ，生態系が強く人々の生活を規定していたともいえるのである。

　事実，縄文時代を中心として複雑な生活体系が各地で成立したようであり，以後の時代の生活文化の伝統ともなって，人々の生活を支える基本を形成していったと思われる。その間には，徐々に技術的進歩の跡もみられるし，一方では時代とともに新たな社会的規制を必然的に被ることにもなったのである。

　歴史的変遷は文献や民俗学的な資料をもとに把握する方法も可能であるが，もし，各地の多様な様相を知り，それがどう近隣地域や後の世と反響しあいながら少しずつ変遷していったのかという実想を徹底して知ることから歴史理論を導き出そうとするのであれば，何より考古学的な資料に基礎をおかねばならないことは言うまでもないであろう。すなわち，動物遺骸の内容，あり方，意味づけを，その地域の動物相，採集・狩猟の技術，伝統などから探られていかねばならないと思われる。

　縄文文化以降における漁撈・狩猟は，それ以前とは大きく変わらざるを得なかったであろう。それは主として縄文海進による地形環境の一変であり，影響は図り知れないものがあったと思われる。その結果，もっとも容易でかつ水産資源として特殊な価値をもつ貝類，魚類の採捕が行なわれ，貝塚が形成される。このことは，縄文早期初葉に早くも貝塚が出現し，水産資源への積極的な行動のみられることからも裏づけられよう。

　ところで，従来，貝塚は"貝の獲得の結果形成されたものである"というもっとも基本的ではあるが単純な解釈のみが与えられ，この時代の人と貝とを短絡的に結びつけることが少なくなかった。しかし実際には，その中に多くの漁猟文化を知る手がかりが隠されていることが次第に明らかにされてきた。それとともに貝塚のみならず洞窟，低湿地遺跡，砂丘上や土層であっても骨が密集するためとか，焼けているために残存しているなど，多様な埋存条件からの遺存骨の出土が知られるようになり，近年ではとみに，遺存骨の資料性が注目され，検討が重ねられるようになったといえる。

2 人間行動の痕跡

これまでに幾つかの遺跡の発掘調査，遺存骨の分析・観察を通して，漁猟活動の一連の人間行動の痕跡を知るようになったと思う。

例えば，住居址内の一貝塚について，従来は最小単位としての住居址内貝層でしかなかったものが，埼玉県庄和町本郷貝塚では，30cm 位の内にマテガイ，カキ，ハイガイの薄い層が幾枚もみられ，採集条件の違う場所での行動が窺えるし，横浜市西ノ谷貝塚では，10 数回の廃棄が住居址内貝層を形成させた例も確かめられている。まして仙台湾～三陸南岸にかけての数 cm 単位の層の堆積が顕れという恵まれた条件のもとでは，他の地域より一段と進み，細かい層ごとの発掘や分析が里浜，中沢目，田柄，門前，中沢浜などの諸貝塚で行なわれるようになった。しかし，貝層の廃棄のまとまりを細分していくことのみでは，すり抜けてしまうものがないだろうか？ すなわち，貝の廃棄の合間に，範囲を異にして捨てられたであろう鳥獣魚骨である。これらについては，個体識別という難問が立ち塞っているが，個々の骨について，出土状況が記録されていれば，今後の研究に委ねることができると思われる。

現研究段階においてさえ，動物骨一片一片の出土状況がわかっていれば，かなり手がかりが得られるようである。例えば，埼玉県富士見市打越遺跡では，遺存骨の出土が少ないといわれる前期貝塚の住居址群の中で，廃絶した住居址に貝を捨てたものがあり，その中でも 1，2 の住居址で，獣骨を主としたり，魚骨を主としたりする骨を豊富に含む貝層があった。獣骨の廃棄は貝とは異なった時点でなされたために範囲が完全には重ならず，貝層をはずれた骨は消滅してしまったのかもしれぬが，1 個体分がまとまってそこに捨てられたとは判断できかねるので（他の場所に投げ捨てたり犬などが動かしたりしなければ），他遺跡との協業で狩猟し，分配をうけた部分を搬入し，頭骨などは意図的にそこへ埋置したのではないかと考えた。魚類はクロダイ，スズキの体長復元や分布の範囲から，貝と交互に捨てられ，どの方向から住居址の囲みへむかって投げられていったのかの推測を試みた。

このように，遺存体が獲得され，運ばれ，利用され，一定の場所へ置かれるまでの，様々な人間の行動が浮かびあがってくるのである。

あるいは，動物利用の仕方という一プロセスをとりあげてみても，解体，骨髄食の打割，骨角器などへの再利用などを目的とした様々な痕——切痕，擦り切り痕，たたき切り，スパイラルをなす打割——が観察され，さらにそれをつけた手の動きや利器も推測でき得るのである。

以上のようなことは，調査分析の都度，少しずつ発見され，類例が加えられてきたものである。こうした意味では，これからもいろいろな例が追加されていくであろう。しかし，そこで留意すべきことは，これらの事象を，発掘された遺跡や周辺，時期などで確定したシステム（例えば，別項においてふれているように<p.66>）を下敷きとして組み込むことで，知ろうとする歴史の一場面の中の一体どの部分が鮮明となるかを常に把えていることではないだろうか。それによって見おとしていた観察事項の補充や鮮明となった周辺をも照らし得る根拠の仮説→検証の作業も後続し，従来の羅列的記述からより構造的なものへと高めていくことができるのではないだろうか。

3 動物と季節性

季節性というとき，それを調べる方法や，その効用からみて大きく 2 種類に分けることができよう。一つは落角，マグロ・ブリ・イワシ・海獣などの回遊，鳥の渡りなど動物種特有の季節的行動に基づくものであり，遺存体の中にその種の部分の骨角が含まれているか否かで判断できるもの。もう一つは，動物種の歯牙骨角に刻まれた萌出や咬耗，成長線によるもので，微細な分析により多くは絶対年齢を伴って提出されるものである。

前者には，例えば，噴火湾，礼文島，根室・知床方面でのオットセイ（雌＋子のグループ），オットセイの繁殖地～回遊域にあたる地域でのオホーツク文化でのオットセイ，福岡県沖ノ島の弥生期や北海道・奥尻島の擦文期貝塚におけるアシカのように，生業そのものの成立や専業集団化した人々の季節的渡りなどを決定するほどの影響力をもつものが多々ある。後者は，むしろ，方法を開発し向上させれば，ほとんどの種に見出しうる，いわば普遍的なものであって，前者のような集団の大きな色分けではなく，各々の集団内での行動を明らかにするための絶対的時間，時間の枠組を提供するものである。

どちらの目的にせよ，季節性を示した遺存体が1片出土したということは，ある時期の行動総体の一必要条件にすぎないのであるから，つぶさに網羅して調べた結果かろうじて得られる（あるいは発掘条件を考えれば，得られない可能性も大きい）必要十分条件では決してあり得ないことを前提にしておかなければならない。

その上，上述のような規定が季節性から得られたにしても，それでもって各遺跡においてイメージし検証しようとする活動のすべてを語り尽くせるのであろうか。そうではなくて，別項でもふれるように季節性は遺存体から知られることの第一歩であり，これから内容を盛り込むべき空の器にすぎないのではなかろうか。事実はこれに反し，安易な説明と，それに追従したために生じた他の細目の究明放棄がしばしばみられ，この分野において，かなりの誤解と停滞を招いてしまったように思えるのである。

4　脊椎動物をめぐる問題点

狩猟獣のあり方は筆者らがしばしばのべているように，その出土量は文化地域，時期，立地環境，遺跡の規模をめぐって多様であり，複雑である。動物遺体に対する系統的，組織的で綿密な観察を進めるために地道な研究がつづけられている。後述するような数量的処理のためにも，個々の骨の識別を可能にする調査法の確立が急務であり，そのためへの努力がすでに試みられており期待するところである。以下二，三の獣骨についてふれておく。

まずイヌについてであるが，その出土は早期のはじめからではない。北海道縄文犬がやや大きい体軀であったが，本州から南西諸島に至る間はいわゆる小型犬の範疇にはいる品種である。日本在来犬"柴犬"をその末えいとみる考えは首肯されよう。

弥生文化期以降に体軀の大型化，短頭化が進む。中・近世の資料が加えられて日本犬の歴史も筋道がつけられるようになろう。それとともに，日本犬の行動学が精細な観察を通して行なわれている。骨学的形質の再現とともに，生きた縄文犬をよみ返らせようとする「天然記念物柴犬保存会」の方々の努力に期待したい。

動物飼育の問題として，まずイノシシがある。縄文期のイノシシ飼養である。山梨県金生遺跡から

は1ピット中より118個体の生後7〜8カ月余のものの下顎骨が出土している。縄文晩期である。すべて火を受けていた。この集積については，ある限定された時期を考える証拠はないし，雄も雌も両方の個体がある。多くの貝塚での出土例のあるのと同じである。飼養を積極的に考える証さは乏しい。むしろ別の課題があるはずである。イノシシの生息しない北海道でも遺骸の出土が報告されるようになった。ただし縄文後期以降である（それ以前は犬歯が運ばれる）。これも若くて大きくないものである。成獣のものもあるが，それの四肢骨はない。また繁殖を予想させるような新生児の発見はない。北海道のイノシシは津軽海峡を運ばれたのであろう。それはそれで興味ある問題である。なお縄文早期のイシヤマブタは命名者の丹信実氏が筆者に語られたように全く問題外である。

弥生文化期のイノシシの出土は地域差が大きい。河内平野弥生文化期の一遺跡で若い個体の目立つのは，その背景にある稲作文化と併せ考える問題を含むかも知れない。ウマ・ウシについては縄文期の資料はやはり問題が多く，弥生期に至っても出土例は限られよう。

なお，家畜の系統の問題に関しては，近年血清遺伝学からの研究が進められ，それに基づくわが国への家畜渡来の推定時期が考えられている。筆者らもこれに大きな関心を寄せるのであるが，これにはやはり考古学における綿密な資料の裏づけと，形態学の研究成果が加えられなくてはならない。今後の本当の意味での学際的研究が望まれるのである。

5　動物考古学へ

動物の分類学であれ生態学であれ，考古学の資料としての遺存体から当時の活動を歴史の流れへと集約されて行くものであれば「動物考古学」を支える重要な要素となる。しかし，これらをまとめる中軸は，人間生活の歴史的考察を目的とする考古学者自身の強い希求であろう。

史実が直ちに歴史を構築するのではもちろんない。しかし，動物遺存体から導き出された歴史の一場面は，図り難く大きいものがあり，それはまた現在と大きく異なるという点において，われわれの史観の地平を大きく切り開いてくれることのみをとっても，何と重い一場面であろうか。

特集 ● 動物の骨が語る世界

縄文時代人と動物

日本人は周辺の動物といかなる関わりをもってきたであろうか。縄文時代を中心に各地域の成果を述べながら特徴を探ってみる

北海道・本州東北におけるオットセイ猟の系譜／仙台湾沿岸の貝塚と動物／相模湾のイルカ猟／中部山岳地帯の動物／西海・五島列島をめぐる漁撈活動／鹿児島県下の貝塚と獣骨／石器時代人と狩猟鳥獣／儀礼と動物

北海道・本州東北における オットセイ猟の系譜

早稲田大学考古学研究室　国立歴史民俗博物館
金子浩昌（かねこ・ひろまさ）・**西本豊弘**（にしもと・とよひろ）

日本列島の北部で行なわれたオットセイ猟は各地域ごとに異なった比重をもって行なわれ，独得の漁撈文化を発達させた

1 はじめに

日本列島をとりまく海域には鯨類，鰭脚(ききゃく)類の棲息が多い。その多くが，太平洋，日本海，東シナ海の海域を，それぞれの種類によって広く回遊し，季節によって列島に近づき，また離れていく。日本近海にのみ棲育して，かなりの数がいたと考えられる種類には，鰭脚類のニホンアシカ，ゼニガタアザラシがおり，今日ではすでにその姿を見せなくなっているか，あるいは著しく減少している状態にある。今回はとくに鰭脚類をとりあげ，それと人との関わりの歴史をみてみたいと思う。

ところで，鰭脚類は哺乳動物中食肉目に属し，鰭脚亜目といわれる一群をつくる。四肢が水中生活に適するように特殊化する。5本の指をもつが，それらは連続してヒレ状になることから鰭脚（ひれあし）類の名がある。これにはアザラシ類，セイウチ，アシカ類があり，日本近海では本州東北から北海道にかけてアザラシ類，アシカ類が回遊，多棲し，セイウチはさらに北の分布であるが，まれに南下することもあった。北海道から本州東北部海岸地帯の縄文時代以降の多くの遺跡からこれらの動物の骨格・歯牙を出土し，またこれ

らの捕獲のために工夫・製作された道具―狩猟具―，並びに，狩猟にかかわる呪術的な行為に関連したと思われる品物が出土し，人々とは深い関わりのあったことを知るのである。しかし，これらの動物は地域により，また時代により著しく異なった出土状況を示す。つまり地域による回遊状況と回遊集団の性・年齢による構成が異なるからである。今回はオットセイをとりあげて，その狩猟の歴史をたどってみる。

オットセイは，鰭脚類中もっとも人との関わりが強かったが，現在では濫獲によって数を減じ保護管理下にある。ヒトとオットセイとの関わりは長い間，肉や毛皮の供給者と利用者との関係であったが，将来は生きたオットセイとのふれあいを通して，人との関わりをもちたいと，筆者は秘かに願っているのである。

北太平洋に生息し日本近海に回遊するオットセイは，現在では樺太沖のロベン島，カムチャッカ半島沖のコマンダー諸島，ベーリング海のプリビロフ諸島で繁殖している。繁殖期は夏期で，秋になると海に入り回遊に出るが，雌や幼・若獣は雄の成獣よりも繁殖地より遠く離れた水域で越冬する。ロベン島群は，雌や幼・若獣は日本海南部まで回遊し，春になると山陰地方から北陸，北海道

17

表 主要遺跡のオットセイの出土内容

遺跡	文化	性	推計最小個体数 幼 若 成
北黄金A'	縄文前期	♂	13 2
		♀	23 2
			8 4
		計	23 23 6
南境	縄文中期	♂	3
		♀	3
		計	3
入江	縄文後期	♂	1
		♀	11 1? 1
		計	11 2 1
田柄	縄文後・晩	♂	1
		♀	2 7
		計	1 2 7
南有珠b	続縄文	♂	9 6
		♀	63 7 2
		計	63 16 8
香深井A	オホーツク	♂	125 152
		♀	1 43 72
		計	1 168 224
オンネモト	オホーツク	♂	1 14 6
		♀	1 7 33
		計	2 21 39
小幌	擦文	♂	189 1
		♀	56 0 5
		計	245 1 5

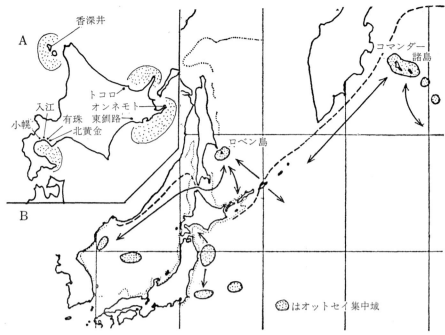

図 1 A：古代遺跡出土資料から推定される当時のオットセイ集中域
B：日本近海オットセイの分布と回遊路（和田一雄 原図に加筆，矢印は西脇昌治 1965 による）

西岸沖を北上し，ロベン島にもどる。雄の老成獣は日本海北部の繁殖地に近い水域で冬を過ごす。ロベン島群の一部はオホーツク海を南下し，千島列島を通って太平洋に入るものもいる。日本近海に回遊するものは千島列島沿いに北海道沖に達し，三陸沿岸沖の太平洋で越冬する。その群の一部は，内浦湾に入り越冬する。内浦湾に入る群の多くは幼・若獣で雌の成獣も含むが，雄の成獣はほとんど含まない。これらの越冬水域は，いずれも魚類の豊富な水域であり好漁場でもある。

2 本州東北におけるオットセイ猟

ここでは縄文期に限ってのべることにする。

津軽・下北〜八戸 青森県下北郡札地（晩期），同むつ市最花(さいばな)貝塚（中期）などで雌成獣骨と幼獣骨が出土しているが，この地方はアシカの主産地であったらしく，その方がはるかに多い。鰭脚類の分布，回遊の上で注意される地域。南部の小原湖は古くは鹹水のはいる入江であるが，この内側の貝塚からの出土例もあるが多くない。

三陸海岸地方 大船渡湾内の貝塚では，岩手県大船渡市大洞貝塚（後期末〜晩期）で雌成獣骨，蛸之浦貝塚（中期）で雌成獣骨が 1〜2 点出土している。ただし精査されていない。

広田湾内貝塚では，陸前高田市広田町大陽台貝塚（前期）で，5 点ほどの四肢骨が出土しており，すべて雌成獣骨であった。

気仙沼湾内の貝塚では，最近調査された気仙沼市田柄(たがら)貝塚からまとまった骨が出土している。この貝塚は後期末葉から晩期初めの時期に形成されたもので，発掘面積は 135m²，貝層の深さは部分的には 2 m に達した。ここから出土したオットセイの骨は，その大部分が雌の成獣もしくは亜成獣であった。これを歯牙でみると性差，幼・若の区別はさらにはっきりする。犬歯から雄もあったことがわかるが，犬歯 8 点中 4 点が雄で，すべて幼獣の上顎犬歯，雌は上顎歯 3，下顎歯 1 でいずれも成獣のものである。臼歯についても雄のものと思われる歯は若い特徴をもっていた。なお，大腿骨（雌）の一つに，穿孔したり，溝をつけたりしていて，文様の刻まれているものがある。これは，別にのべる石巻市沼津貝塚出土品と同じつくりのものである。オットセイに対して，何か特別の考えをもち，それが広く仙台湾岸から三陸地方にかけて共通のものを持っていたということにな

る。田柄貝塚については現在報告書を作製中であり，詳細が報告されるであろう。

宮城県女川町出島山下貝塚は出島という小島にある貝塚である。牡鹿半島の東側に出，太平洋に直面するような場所，三陸リアス海岸の南端に位置する。女川港より東の海上 9.1km，島は南北 3.75km，東西 1.5km，面積 2.07km²，貝塚は島のやや南寄り，海抜 28m の半島状台地の北側急斜面にある。カキとスガイ，クボガイなどの小巻貝を主とした貝層で，中期末葉から後期初頭の形成である。辺見栴高氏による数次にわたる調査によってその特徴ある文化の内容が解明されつつあるが，かつて，氏の案内でその動物遺骸を実査したことがあった。氏の概報中にもオットセイが記されているが，雌の成獣と，雌雄の若い個体のものであった。他にアシカ類があり，標本の数の上ではオットセイよりも多い。またイノシシ，シカなどの陸獣骨と比べると全体では海棲獣が多い。島での狩猟活動のあり方を知る貴重な資料である。

仙台湾岸の貝塚 石巻市南境貝塚（中～後期を主体として貝塚が形成される）は楠本政助氏，ついで後藤勝彦氏による調査があり，多くの動物骨が出土しているが，後藤勝彦氏調査の資料中のオットセイは主要肢骨6点があっただけである。南境貝塚は内湾の貝塚とはいえ，外海にも近く，マグロ類などの骨の出土も少なくないが，鰭脚類，鯨類ともに数は少ない。

沼津貝塚（後～晩期）は北上川の河口部に位置する大貝塚である。豊富な獣骨，骨角器の出土で知られるが，とくに大型銛の対象となった海棲獣類について関心をもつのであるが，残念ながらその内容を知るまでに至っていない。ただ，たまたま表採されたものにオットセイの上腕骨1点があり，それは雌の成獣のものであった。またすでに知られる動物骨の加工品中にオットセイの大腿骨

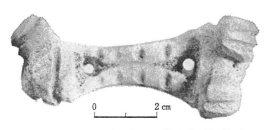

図2 オットセイ大腿骨の加工品（成獣雌，図は後面）
（東北大学『沼津貝塚出土石器時代遺物』より）

があり，雌の成獣のものであった。このことからみると，ここでのオットセイ猟も，その対象は雌の成獣を主たる対象としたものではなかったかと思われる。ところで，このオットセイ大腿骨の加工品であるが，これはかつて遠藤・毛利コレクション中にあり，現在東北大学文学部で蔵するものである（遠藤・毛利図録 19, 33, No. 16, 東北大学図録 1963, XLV. (45), 3）。

それは雌・成獣・左大腿骨で，遠近位両端の関節の突起部，およびその中間の骨体部分に溝や刻みをつけ，さらに骨体の上・下に二孔をあけている。加工は骨の形態に則して行なわれる。例えば関節の突起部にはそれをめぐる溝を彫り，平らな骨体部分には細かい刻みをつけるといった具合である。おそらくこれは，稀少なオットセイの捕獲に対する呪術的な意味をこめたものであったに相違ない。それが，すぐれた毛皮獣であったと同時に魚群との関係も重視されたであろう。二つあく孔は，この骨を横に支えるためであろう。私はこの骨加工品は，オットセイの姿を写したものではなかったかと思っている。図の左手に突起するのが頭部で，右手の横に溝をつけてのびるのが，ひれ状の脚部を意識したものではなかったろうか。頭・脚部にこのような溝状の彫刻をめぐらす方法は，他にも知られている。この地域に住んだ縄文人にとってオットセイは，特別の存在ではなかったろうか。その姿や独特の生態に深い関心をもったであろうし，さらに現われ，また去っていく北の方に，はるかな思いを寄せることもあったのではなかろうか。

いわき地方の貝塚 弓なりにのびる小名浜の東西両端に綱取，八崎の岬がのび，その台地にそれぞれかなりの規模の貝塚がある。

福島県いわき市大畑貝塚（中期）：左下顎骨と上腕骨各1があり，いずれも雌の成獣。

寺脇貝塚（後～晩期）：数次の発掘があり，そのいずれも動物骨についての精査はない。現在慶応義塾大学に収蔵されている資料に，オットセイの大腿骨（雄で幼）があり，別にいわき市で刊行した報告書中に，雌の成獣下顎骨1点が写真で示されている。

いわき市内貝塚でとくに上述の大畑，綱取，寺脇の貝塚は外海に面した立地で，外海系の魚骨が豊富であるが，オットセイ，アシカ類の骨は多くない。とくにオットセイは少ない。このあたりが

19

狩猟対象となったオットセイの南下の南限に近い
のであろう。これ以南の貝塚でもこれまでに報告
されている例は，千葉県余山，一宮などの貝塚が
あるが，おそらくまれなのであろう。

　別のところでも述べるように，オットセイの回
遊の経路とその性，年齢構成からみて，三陸以南
に至るのはほとんど成獣の雌とその子である。貝
塚から出土するのもそうしたものに限られ，三陸
あたりまでは，それでもやや多く，仙台湾岸では
さらに減少，いわき海岸とそれ以南はさらに捕獲
されることがまれになるようである。

3　北海道のオットセイ猟

　鰭脚類狩猟の中心はやはり北海道である。近世
に至るまで，その周辺海域にはアシカ類が周年多
棲したはずであるし，それに加えて，アザラシ，
オットセイが回遊して来ていたからである。これ
らの回遊域では早くから海獣猟が行なわれ，狩猟
の文化が形成されていったはずである。その主な
地域を考古学の資料をもとにのべてみよう。

（1）　縄文文化期

　内浦湾沿岸域　伊達町北黄金貝塚Ａ′地点（前期
末葉）：内浦湾に面した 20〜30ｍ の台上に前期貝
塚がある。このあたりでのオットセイ猟のもっと
も古い様相を伝える遺跡であろう。比較的小さな
銛頭が特徴的である。陸獣のシカと比べてずっと
多くのオットセイの遺体が出土している。オット
セイ猟の中心が幼獣を主としているので，単純な
数字上の比較だけで論ずることはできないであろ
うが，海獣猟へ主体的な行動のあったことは首肯
されよう。

　蛇田町入江貝塚（中〜後期）：海岸からわずかに
はいる内湾に面した規模の大きな貝塚である。こ
こでの海獣猟はオットセイよりもむしろイルカ類
であったようである。そして，全体的にはむしろ
陸獣優位であって，狩猟の性格に変化がみえるの
は注目される。入江貝塚の海獣猟は，幼獣のオッ
トセイ猟より，むしろイルカを狙っており，イル
カ猟が広く本州各地でもみられたことを考える
と，入江貝塚での海獣猟は文化的に別の系統のも
のとして理解しなくてはならないかも知れない。

　道東地域　釧路市東釧路貝塚（前期初葉）：釧路
川河口部にある貝塚で，海獣類の出土が極めて多
い貝塚である。その主体はイルカ類であるが，鰭
脚類も多い。アシカ，オットセイがある。現在集

計するまでに至っていないが，オットセイは若い
個体を主体として，成獣では雌の多いことはすで
に筆者の一人金子によって明らかにされている。

　以上の他にオホーツク海沿岸域にある常呂町朝
日トコロ貝塚でも多くの遺体が出土しているが，
詳細は調査されていない。

（2）　続縄文文化期

　内浦湾沿岸域　南有珠6遺跡：有珠湾をめぐ
って，その砂丘上に多数存在する縄文晩期以降の
貝塚の一つである。ここでは再びオットセイ主体
の海獣猟がみられることになる。主対象は幼獣で
あり，縄文前期の狩猟形態に共通するが，有珠湾
という絶好の狩猟場に面しての立地は，海獣猟へ
の積極的な姿勢を示すものであろう。そして，そ
の単位出土量もはるかに多く，縄文期との差違を
認めざるを得ないであろう。

（3）　擦文期

　内浦湾沿岸域　小幌洞穴Ａ地点（豊浦町礼文華）：
内浦海岸に直面する洞窟遺跡である。ここでのオ
ットセイ猟も幼獣を主体とするものであるが，1
歳から数歳の個体の増加していること，それには
雌雄ともに含まれるが，からだの大きさからいっ
てより大きい雄の方が多いといった傾向がみられ
る。おそらくこれも狩猟対象を意識しているに違
いない。ここにもこの時期の特徴を見つけること
ができよう。

　道北，宗谷海峡水域　礼文島香深井Ａ（オホー
ツク文化）：礼文島東岸の海浜に立地する。ここで
のオットセイの年齢および性別の個体構成は特徴
的である。すなわち，大きく成長した雄の成獣が
圧倒的に多く，数歳の雄も多い（性的には成熟す
るが，骨端が癒着していない 10 歳未満までのものを含
む）。これに対して雌は若・成獣ともに少なく，
かつ，雌雄とも当歳の幼獣をみることがほとんど
ない。

　香深井Ａ遺跡では，ニシン，ホッケ，マダラな
どの魚骨の出土が多い。これらの魚類を捕食し
て，この海域で越冬していた老成オットセイがそ
の主要な対象であったわけである。

　道東地域のオホーツク文化期　根室市オンネモ
ト遺跡：オンネモト遺跡は根室半島東端ノサップ
岬に近い根室海峡に直面する立地である。海獣猟
のための立地といってよいであろう。オットセ
イ，トド，アシカ，アザラシとその出土量は多
く，なかんずくオットセイは多い。雌の成獣を主

体として，若い雌雄を含む。この年齢・性構成は，先述の香深井A遺跡に共通するものがある。もちろん，それはオホーツク文化における海洋資源利用の基本的な性格に共通するものがあったからであり，資源としての価値を充分心得ていたからに他ならないと思う。

　北海道日本海沿岸域　積丹半島神恵内・観音洞，奥尻島植苗貝塚：ともに海崖に面した遺跡の立地であり，数多く出土する骨角製の銛から海棲獣類に対する狩猟活動がさかんであったことが推測される。オットセイ猟についても，この地域には縄文期の貝塚や洞穴遺跡で確認されている。擦文期にはいって，より多くの海棲獣類の遺体を出土するようになったとき，そこでみるのはアシカ・トトが主体的である。この両者がどのような棲み分けをしていたのか，考古学的にも興味深い問題になってくる。

（4）　海棲獣狩猟の文化―銛とキテ―

　北海道沿岸での海獣猟は，このように亜寒帯水域に多棲する魚類を追って回遊してくるオットセイ，流氷とともに南下するアザラシが主要なものの一つである。それらの捕獲には種類に応じた技術があったはずであるが，共通する道具として重要であったのは銛である。縄文早期に早くもみられ，この種の製品としては，年代的に世界の銛先の出土例に先がけよう。前期の東釧路，北黄金

貝塚での出土が多く，すべてオープンソケット型であり，小さいが均整のとれた，そして充分その機能を果し得た製品である。北海道における銛の祖形といえよう。晩期に至るまで，基本的にはこの形が踏襲されるが，続縄文期，オホーツク文化において，銛先は大形化し，クローズソケット型が加わる。おそらくもっとも発達した時期なのであろう。アイヌ人が明治期まで使っていたキテは，このクローズソケット型の銛先の伝統を引くものである。しかし，近世以降製作された銛先は，その形態の変異において，製作の緻密さにおいてすでに昔日の面影はない。おそらく，それはアイヌの海獣猟が，彼らの生活を支えるものとしての積極性をすでにもたなくなっていたからではないかと思われる。

　次に舟についてであるが，オホーツク文化期では舟首に波返し用と思われるはり出しのついた土製の舟のミニアチュアが出土しており，海上での狩猟用船が工夫されていたと想定されている。アイヌにおいては，丸木舟の上部に板を張りつけて補強した船が知られており，このような船が内浦湾などで使用されていた。

（5）　内浦湾沿岸におけるアイヌのオットセイ猟文化

　内浦湾におけるアイヌのオットセイ猟は，縄文文化以来つづいてきたオットセイ猟の終幕を飾るものである。その意味から，その方法，技術，精神的な内面行動について興味深いことが少なくない。しかし，今その詳細をのべる余裕はないので，概要をしるすに止める。

　犬飼哲夫・森樊須両氏の調査によると，江戸時代の内浦湾のアイヌによるオットセイ猟は初冬から夏の始めまで行なわれた。オットセイは，マダラ，スケトウダラ，ニシンなどを食べていて，ニシン漁が終るとともにオットセイ猟も終わったという。蔀関月筆で1799 年刊行の「日本山海名産図会」には，丸木舟の上に板を継ぎ足した 2〜3 人乗りの小舟で沖に出て，寝ているオットセイを捕る絵が描かれている。この絵のように，まず見張り番の1 頭に近づいて，棒の先のひもにしばりつけたキツネの尾を振り回すと，そ

図 3　松浦武四郎『東蝦夷日誌』
冬 10 月より春 3，4 月の猟，木幣・神酒を製して海神・舟神に祭る（図左）。獲物，漁具の出し入れまで窓よりする（図右）。海上に鳥群れ，これを見て漕ぐ。銛を高く持ちかまえている様子が描かれている。同様の図を他書にもみる。

図 4 葦関月「日本山海名産図会」1799
竿の先のひもにキツネの尾がしばってあり、見張りのオットセイをおどしている。うしろのオットセイは寝ているところ。猟具は弓矢と槍が描かれている。

れに驚いて音もたてず逃げるのでそのあと寝ているのを捕ったという。このようにして捕獲したオットセイは、皮をはぎ、それを会所に持って行って物々交換した。オットセイの皮は松前藩への献上品の主なもののひとつであった。

4 まとめ

このようにみてくると、日本列島の北部で行なわれたオットセイ狩猟は、それぞれの地域に分布するオットセイの群の性・年齢構成を反映して、その地域ごとに主な捕獲対象が異なっていたと言える。そして、その対象に応じて捕獲の容易さも異なるであろうし、また、生息数に応じて、オットセイ狩猟の生業全体に占める比重も異なっていたものと思われる。たとえば、北海道北部のオホーツク文化期では、それ以前の時代に比べて銛を中心とする技術と船の安全性の進歩によりオットセイを主体とした海獣狩猟が積極的に行なわれ、独特の漁撈文化を発達させることになった。

一方、本州北部のオットセイ猟については、この地域がオットセイの回遊域であるにもかかわらず積極的な狩猟活動が行なわれた証拠をみることができない。例えば、下北半島の北端の海域がオットセイの集中域であったと推定されるにもかかわらず、大間崎、札地の両遺跡から知られたオットセイの遺体はまれで、アシカ類が主体である。この遺跡から出土するアシカには若獣が多く、春の繁殖期以後、ここに棲息する集団がいたのであろう。それをアホウドリの渡ってくる（この鳥の出土が多い）春から夏の間に捕ったらしい。両遺跡とも季節的な生活遺跡と考えているのである。

本州の沿岸にはかつてアシカが多棲したようであるから、その遺体を検出することは決してまれではない。しかし、既述した宮城県気仙沼市の田柄貝塚の例をとると、ここで捕獲された鰭脚類はほとんどオットセイに限られる。このことから、ここでも回遊してくるオットセイに対する特別の狩猟活動があったとみてよいであろう。田柄貝塚の立地する狭細な気仙沼湾の地形的な条件を利用して、巧みに捕獲活動があったのであろう。ただ、一般的には本州東北部でのオットセイ遺体の出土は決して多くはない。オットセイ資源を充分利用できるだけの、狩猟上の技法がやはり北の文化圏に比べると劣っていたのかも知れない。しかし、縄文期にみる海獣猟を対象としたと考えられる銛の発達を考えると、この地域は、日本列島北部における海獣狩猟圏の南限のひとつとして、海獣狩猟の伝統が少なくとも縄文時代晩期まで維持されていたと思われる。

それに対して、魚類が豊富でしかも冬期でも波の静かな内浦湾では、オットセイの幼・若獣にとって越冬地として好適であったと同時に、人間にとってもオットセイ狩猟に好適であった。そのために、縄文時代前期からすでに積極的なオットセイ狩猟が行なわれ、重要な生業活動のひとつとなっていた。この地域では、オットセイ狩猟のもつ意味が時代により変化したとしても、擦文文化時代から江戸時代を経て明治時代のはじめまでオットセイ猟の伝統が伝えられてきたのであった。

日本列島北部で行なわれたオットセイ狩猟は、その地域ごとの資源の安定性と捕獲の容易さの程度に応じて、それぞれの地域の人々に異なった比重を持って行なわれたと考えられるのである。

文 献
1) 佐々木利和「噴火湾 Ainu のおっとせい猟について」民族学研究, 44—3, 1980
2) 犬飼哲夫「北海道アイヌのアザラシ及びオットセイ狩り」北海道大学北方文化研究報告, 11, 1956
3) 犬飼哲夫「おっとせい狩」『アイヌ民族誌』第一法規出版, 1970

仙台湾沿岸の貝塚と動物

県立石巻女子高校教頭
後藤勝彦
（ごとう・かつひこ）

仙台湾沿岸は全国有数の貝塚密集地域であるが，動物遺存体の研究は緒についたばかりであり，今後の詳細な調査が待たれる

1 仙台湾沿岸の貝塚分布と特色

　仙台湾沿岸は東京湾から霞ヶ浦周辺，伊勢湾，瀬戸内，有明海とならんで貝塚密集地域として有名である。現在 267 カ所の貝塚が知られ[1]，しかも，千葉・茨城についで多い。これらの貝塚は図1に示したように5ブロックにわかれ，それぞれ地域的特色をもっている。

　（1）北上川中流域（内陸部）貝塚群　北上川・迫川流域および周辺の湖沼に沿って分布する貝塚群である。現在の海岸線から20数km以上も奥まった地域として，縄文早期末から前期初頭の海産貝を主体とする貝塚が含まれることが注目され[2]，この地域までの海進を示す。しかも，海退後は河川の流路，遊水池（湖沼）となり，中・後・晩期には青島貝塚・富崎貝塚のようにオオタニシ・ヌマガイ・イシガイ主体の主淡貝塚が形成される。青島貝塚などでは調査が行なわれ，その内容が明らかにされている。しかし，昭和30年代の開田期に多数破壊されて，これだけの規模を持つ内陸部の主淡貝塚群も現在は数カ所を残すに過ぎない。

　（2）北上川下流域（河口）貝塚群　北上川下流の河口付近，江合川・鳴瀬川流域に分布する貝塚群で「古石巻湾」に立地する。とくに東岸に寄った地域に多く分布し，中期後半から後・晩期まで継続して営まれた大型環状貝塚，沼津・南境の両貝塚が有名である。それに数mに及ぶ貝層と豊富な遺物，なかでも多数の自然遺物，質量ともに優れた骨角製の漁撈用具をはじめ，各種の装身具の出土で有名である。

　（3）三陸沿岸貝塚群　気仙沼・志津川湾沿岸に形成され，南最知，古館貝塚のように概して，小規模で貝層堆積も顕著でない。この地域は丘陵が海岸にせまるという自然条件との関係で腹足類の貝が顕著であることも特徴である。

　（4）松島湾沿岸貝塚群　県内でもとくに貝塚が密集し，また沖積層の発達が悪く，当時の地形環境がよく保存されている地域である。県内最古の貝塚吉田浜貝塚をはじめ，長期間にわたり営ま

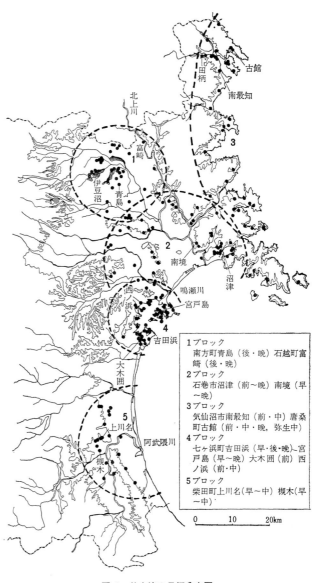

図1　仙台湾の貝塚分布図

れた，日本一の規模をもつ宮戸島貝塚，国史跡・大木囲貝塚，西ノ浜貝塚の三大貝塚が存在する。貝層堆積も数mと厚く，貝層の広がりと層位関係を把握するための分層調査に適し，層位学的研究の発祥地[3]として知られている。北上川下流域と同じく，自然遺物の豊富さ，秀れた生産用具の出土も多く，当時の漁撈活動の様相を示してくれる。それに，縄文時代から奈良・平安時代まで連綿と生活をあとづけることができるし，とくに縄文時代後期末から奈良・平安時代までの土器製塩に関する遺跡が多く発見されているのも特色である。

（5） 阿武隈川下流域貝塚群 「旧槻木湾」を中

表 1 主要貝塚の軟体動物の構成表

貝塚名／区層位	左道 A-1-2 個数(%)	桂島 B 個数(%)	貝殻塚 B-2-2 個数(%)	金山 B-13-33 個数(%)	大木囲 CS77-L14d 個数(%)	宇賀崎 G-7-9下 個数(%)	宇賀崎 G-7-6C 個数(%)	南境 5・6-Q-7B 個数(%)	二月田 H-2A 個数(%)	青島 個数
マツバガイ										
ユキノカサガイ				21 (1.5)						
イシダタミガイ		2 (0.3)		9 (0.6)	16 (0.7)					
クボガイ		37 (5.8)		8 (0.5)	140 (6.0)			1 (0.5)	8 (1.23)	
コシダカガンガラ				22 (1.5)	131 (5.6)					
イボキサゴ						75 (14.6)				
キサゴ										
スガイ	177 (42.0)	331 (51.9)	22 (6.9)	177 (12.4)	1766 (75.2)	3 (0.6)		1 (0.5)	6 (0.92)	
*オオタニシ							2 (0.05)		+	◎
タマキビガイ				1 (0.1)						
オオヘビガイ										1
*チリメンカワニナ										1
ヘナタリ		1 (0.3)							1 (0.15)	
ホソウミニナ										
ウミニナ		1 (0.3)		1 (0.1)	4 (0.2)	32 (6.2)	6 (0.2)	2 (1.0)		
ヘソカドガイ				2 (0.1)						
ツメタガイ	3 (0.7)				5 (0.2)				3 (0.46)	3
エゾタマガイ	2 (0.5)									
アカニシ	6 (1.4)		1 (0.3)		2 (0.1)				2 (0.31)	
レイシガイ	21 (5.0)		1 (0.3)					3 (1.6)	7 (1.08)	1
イボニシ	23 (5.5)	12 (1.9)		111 (7.8)	45 (1.9)	2 (0.4)				
ムギガイ				4 (0.3)						
バイ								1 (0.5)		
アラムシロ									2 (0.31)	
ムシロガイ						1 (0.2)				
△スナガイ				1 (0.1)						
△ヒメコハクガイ				5 (0.3)						
△キセルモドキ									1 (0.15)	
△ナミギセル									2 (0.31)	
△ホソオカチョウジガイ										1
△ウラジロベッコウマイマイ				10 (0.7)						
△ヒダリマキマイマイ				1 (0.1)						
小　計	232 (55.1)	382 (60.0)	26 (8.2)	373 (24.4)	2109 (89.8)	113 (22.0)	8 (0.2)	8 (4.1)	32 (4.9)	7↑
カリガネエガイ	5 (1.2)	62 (9.7)	1 (0.3)	12 (0.8)	84 (3.6)			9 (4.7)	7 (1.08)	
サルボウガイ	7 (1.7)	1 (0.2)		1 (0.1)	+	1 (0.2)	1 (0.03)	1 (0.5)	12 (1.85)	1
ハイガイ	2 (0.5)				3 (0.1)					
イガイ	3 (0.7)	45 (7.0)		763 (53.3)	7 (0.3)			12 (6.2)	9 (1.39)	1
アカザラガイ					1 (0.04)					
マガキ	52 (12.4)	3 (0.5)	44 (13.9)	89 (6.2)	5 (0.2)	+		17 (8.8)	6 (0.92)	2
△*イシガイ										1
*カラスガイ										
*ヌマガイ										1
*ドブガイ							+			
*ヤマトシジミ					5 (0.2)	5 (1.0)	3984 (99.6)	1 (0.5)	12 (1.85)	17
ウチムラサキ										1
ハマグリ	28 (6.6)		3 (0.9)	1 (0.1)	36 (1.5)	183 (35.7)	4 (0.1)	107 (55.4)	18 (2.77)	21
チョウセンハマグリ					8 (0.34)					10
カガミガイ	3 (0.7)		3 (0.9)							
オキシジミガイ	3 (0.7)		59 (18.6)		72 (3.1)	16 (3.1)		5 (2.6)	23 (3.54)	4
オニアサリ				1 (0.1)						
ア　サ　リ	80 (19.0)	126 (19.8)	176 (55.5)	277 (19.4)		185 (36.1)	1 (0.03)	23 (11.9)	502 (77.35)	
マツカゼガイ				1 (0.1)						
ウバガイ					3 (0.1)					
シオフキガイ			2 (0.6)	2 (0.1)	8 (0.34)	7 (1.4)		10 (5.2)	3 (0.46)	
ムラサキガイ	1 (0.2)									
マテガイ	1 (0.2)	15 (2.4)		1 (0.1)	7 (0.3)				16 (2.47)	
オオノガイ	4 (1.0)		1 (0.3)	5 (0.3)	1 (0.04)	3 (0.6)			9 (1.39)	
小　計	189 (44.9)	255 (40.0)	291 (91.8)	1158 (75.6)	240 (10.2)	400 (78.0)	3990 (99.8)	185 (95.9)	617 (95.1)	59
全　体　計	421 (100.0)	637 (100.0)	317 (99.7)	1531 (100.1)	2349 (100.06)	513 (100.1)	3998 (100.01)	193 (99.9)	649 (99.99)	
備　考	上川名I式 昭46.7調査	上川名II式 昭49.7調査	上川名I式・大木1 昭48.7調査	上川名II式 昭51.7調査	大木3 昭52調査	上川名II式 昭47.3～7調査	大木3～4	宮戸Ib 昭43.8調査	宮戸IIIb～大洞B 昭44.7調査	大木9、10 宮戸Ib、II 昭44・45調査

＊ 淡水産　△ 陸産　＋ 個体数にならないが検出されたもの　◎ 多数出土しているが個数にならないもの　↑ 個体数が増加するもの

表 2　主要貝塚の節足動物・脊椎動物の構成表

貝塚名 区層位		左道 個数(%)	桂島B 個数(%)	貝殻塚 個数(%)	金山 個数(%)	大木囲CS77区 個数(%)	宇賀崎 個数(%)	二月田 個数(%)	青島 個数(%)
甲殻類	フジツボ類				24(17.8)	1(0.6)			
	カニ類			33(9.34)	3(2.2)	30(18.4)		1(0.2)	
	ウニ類				4(3.0)	8(4.9)			
	小　計			33(9.3)	31(23.0)	39(23.9)		1(0.2)	
魚類	サメ類			5(1.41)				2(0.4)	1(0.17)
	エイ科						1(0.7)		1(0.17)
	ニシン							1(0.2)	
	イワシ				1(0.7)		1(0.7)	1(0.2)	
	サケ科							1(0.2)	
	ウグイ			3(0.84)			1(0.7)		
	コイ								2(0.35)
	フナ						4(2.7)		185(32.8)
	ギギ								22(3.9)
	ウナギ			2(0.56)			23(15.5)	1(0.2)	16(2.8)
	アナゴ							1(0.2)	
	ボラ科			4(1.13)	1(0.7)		5(3.4)	2(0.4)	
	カツオ	1(0.33)		3(0.84)				2(0.4)	
	カジキマグロ							1(0.2)	
	マグロ類	7(2.33)	1(0.37)	20(5.66)	5(3.7)			9(1.8)	6(1.06)
	サバ	2(0.66)			2(1.5)	*2(1.2)	2(1.4)	1(0.2)	
	ブリ							20(4.0)	
	アジ							1(0.2)	
	スズキ	13(4.32)	2(0.75)	34(9.63)	19(14.1)	*1(0.6)	17(11.5)	73(14.8)	4(0.7)
	クロダイ	23(7.64)	26(9.8)	38(10.76)	10(7.4)	*3↑(1.8)	9(6.1)	19(3.8)	
	マダイ	203(67.44)	234(88.3)	35(9.91)	21(15.6)	*6↑(3.7)	2(1.4)	60(12.1)	
	タイ類			37(10.48)		*2(1.3)		21(4.3)	
	ベラ				1(0.7)				
	ハゼ科						9(6.1)	1(0.2)	
	カワハギ	1(0.33)			1(0.7)				
	フグ類			1(0.28)	6(4.5)	*3(1.8)	2(1.4)	91(18.4)	
	カサゴ		2(0.75)	5(1.41)	6(4.5)	*4↑(2.5)		5(1.0)	
	コチ			4(1.13)		*3↑(1.8)	1(0.7)		
	アイナメ	1(0.33)		5(1.41)		*1↑(0.6)		4(0.8)	
	ヒラメ	1(0.33)		15(4.24)		*}1(0.6)	1(0.7)	1(0.2)	
	カレイ		0	2(0.56)				1(0.2)	
	小　計	252(83.7)	265(110.0)	213(60.3)	73(54.1)	*26↑(16.0)	78(52.7)	319(64.6)	237(42.0)
両生類	カエル			1(0.28)			1(0.7)	3(0.6)	3(0.51)
	カメ	3(1.0)						2(0.4)	
	小　計	3(1.0)		1(0.3)			1(0.7)	5(1.0)	3(0.5)
爬虫類	ヘビ科							1(0.2)	
	小　計							1(0.2)	
鳥類	キジ				1(0.7)		3(2.0)	1(0.2)	18(3.19)
	カモメ							1(0.2)	
	オオハム							3(0.6)	
	ウミスズメ							1(0.2)	
	ウミガラス							2(0.4)	
	カイツブリ				1(0.7)		1(0.7)	3(0.6)	1(0.17)
	アホウドリ					2(1.2)		4(0.8)	
	ミズナギドリ							3(0.6)	
	バン								1(0.17)
	ウミウ				1(0.7)	1(0.6)		12(2.4)	
	カワウ								6(1.06)
	ヒメウ			1(0.28)	3(2.2)	7(4.3)		19(3.8)	
	ウ類			2(0.56)	5(3.7)	7(4.3)		9(1.8)	
	カモ類	1(0.33)		62(17.56)	6(4.5)	14(8.6)	3(2.0)	62(12.6)	60(10.6)
	ガン								13(2.3)
	ヒシクイ								13(2.3)
	ハクチョウ			1(0.28)					3(0.51)
	アビ				1(0.7)			5(1.0)	1(0.17)
	ワシタカ科							1(0.2)	
	カラス							1(0.2)	1(0.17)
	種不明					14カモ?(8.6)			
	小　計	1(0.3)		66(18.7)	18(13.3)	45(27.6)	7(4.7)	127(25.7)	117(20.7)
獣類	イノシシ	14(4.65)		11(3.11)	3(2.2)	14↑(8.6)	25(16.9)	10(2.0)	69(12.2)
	シカ	18(6.0)		14(3.96)	4(3.0)	22↑(13.5)	34(23.0)	12(2.4)	87(15.4)
	カモシカ						1(0.7)		1(0.17)
	クジラ							1(0.2)	1(0.17)
	イルカ	3(1.0)						1(0.2)	
	オットセイ							1(0.2)	
	アシカ	1(0.33)			1(0.7)			2(0.4)	
	海獣類	2(0.66)			1(0.7)	2(1.2)			
	カワウソ			1(0.28)	1(0.7)		1(0.7)	2(0.4)	3(0.51)
	アナグマ								1(0.17)
	テン			1(0.28)					

25

貝塚名 区 層位 個数(%)		左 道 個数(%)	桂 島 B 個数(%)	貝 殻 塚 個数(%)	金 山 個数(%)	大 木 囲 CS77区 個数(%)	宇 賀 崎 個数(%)	二 月 田 個数(%)	青 島 個数(%)
獣類	イ タ チ					1 (0.6)			1 (0.17)
	キ ツ ネ			1 (0.28)				2 (0.4)	
	タ ヌ キ	1 (0.33)		1 (0.28)	1 (0.7)	11 (6.7)	1 (0.7)	2 (0.4)	14 (2.5)
	イ ヌ	3 (1.0)		1 (0.28)				1 (0.2)	21 (3.7)
	ウ サ ギ			4 (1.13)		3 (1.8)		4 (0.8)	5 (0.89)
	リ ス								2 (0.35)
	ム サ サ ビ							1 (0.2)	1 (0.17)
	ネ ズ ミ	1 (0.33)		1 (0.28)				1 (0.2)	1 (0.17)
	モ グ ラ	1 (0.33)						1 (0.2)	
	小 獣 類	1 (0.33)		5 (1.41)	1 (0.7)				
	ヒ ト				1 (0.7)				
小 計		45(15.0)		40(11.3)	13 (9.6)	53(32.5)	62(41.9)	41 (8.3)	207(36.7)
全 体 計		301(100.0)	265(99.97)	353(99.84)	135(99.7)	163(99.8)	148(100.4)	494(99.6)	564(99.67)
備 考					鳴瀬町文化財報告1集 金山貝塚より	＊は報告書の記載から積算したもの↑は個体数の増が当然考えられるもの 七ヶ浜町文化財報告4集,大木囲貝塚より	県文化財報告67集より	宮城県塩釜女子高校社会部「二月田貝塚Ⅰ・Ⅱ」より	南方町史資料編より

心に形成されている。上川名貝塚の下層（早期末）はハマグリ貝層であり，上層（前期初頭）はヤマトシジミ貝層で，海退現象による変化を示している。

2　貝層の堆積と動物遺体

　仙台湾の貝塚は堆積層が厚く，宮戸島貝塚，南境貝塚，宇賀崎貝塚，大木囲貝塚などは2mを越す。したがって出土遺物も多種かつ豊富である。今回は縄文前期初頭の松島湾沿岸の桂島貝塚，左道貝塚，貝殻塚貝塚を中心に，南境，宮戸島，宇賀島，田柄貝塚などの資料を補足しながら考えて見たい。

　昭和43年の南境貝塚調査[4]から金子浩昌氏の指導のもとに生産用具からだけでなく，貝塚に遺存する自然遺物の分析と組成および個体数の復元と数量化の研究が進められ，狩猟・漁撈活動が解明され，その後の貝塚調査では自然遺物の分析のない調査はなくなった。

　桂島貝塚（塩釜市）は前期初頭上川名Ⅱ式と中期後半大木8ｂ―10式の時期に相当する。昭和49年調査のBトレンチは，5層あって南から北へ急斜，堆積の厚さも90cmあり，とくにスガイ中心の貝層（口絵参照）でアサリがつぎ，魚骨混入が非常に多い。自然遺物の88.3％がマダイであることが注目された。中期になってもスガイ・イガイ・マガキなどの岩礁性貝が主体であることは同様である。また，左道貝塚（七ヶ浜町）も前期初頭上川名Ⅱ式の時期にあたる。堆積は薄く，調査した範囲では貝層は平均6cm，堆積層も4層で，表土から60cmを越えることはない。貝類も桂島

貝塚と同様でスガイを主とした岩礁性貝中心の貝塚であり，魚類もタイ類が70％以上を占める。上記の2貝塚よりやや奥にある貝殻塚貝塚（松島町）も同時期の一つである。堆積は約2m，それも平均厚さ10cmの貝層と灰層が互層となり22層が確認できた。松島湾の奥に立地するため桂島・左道両貝塚と違って，アサリ中心の貝塚で二枚貝主体となる。また遺存骨も魚類中心であることは2貝塚と同じ傾向を示すが，底棲魚のカレイ・ヒラメ・コチなどの割合が多くなり，漁撈活動の様相に差異が見られ，また鳥類の増加が目立った調査であった。

　松島湾内の同時期の大木囲貝塚，金山貝塚もスガイ中心で，タイ類・スズキ主体の貝塚であり，前期初頭期の諸活動の共通性をうかがうことができる。

　南境貝塚（石巻市）は貝層の堆積範囲が約22mもあって最深部で2.2m，堆積も複雑で各層で2〜3に分層され，全体で30層が確認された。中期末から後期初頭までがハマグリ主体の厚い貝層を形成する。

　昭和54年の気仙沼市田柄貝塚[5]では，貝塚全体を把握分析するため，土砂も含めて調査物一切を収納する悉皆調査法が実施されて，調査研究が新しい展開を示すことになった。堆積もCL39では，後・晩期の層を38層も数えることができた。自然遺物も今まで見逃されていた小形魚類サバ・ウナギ，遺存骨が破砕しやすいサケ・マスなどが各層から多数検出されている。宮戸島貝塚西畑地区でもこの悉皆調査法が実施され，今までにない精度の高い調査研究が展開されている[6]。それは，

第1次調査で約 1.5m の堆積に 167 枚の層が確認され(口絵参照)、いずれも数 cm から約 20 cm で、とくに炭化物層はさらに薄く 1～2 cm の厚さで広がる。第5次調査までに 330 枚以上の堆積が確認され、それも最下部の数層を除いてすべて大洞 C_2 式期であることも明らかにされた。また貝層の堆積も複雑で、数枚の貝層の重複とまとまり、広がりが観察され、貝などの廃棄パターンの類型化がなされたことである。

宇賀崎貝塚(名取市)は、厚い貝層が2層あって上川名貝塚と同じく、下層はハマグリ・アサリ主体、上層はヤマトシジミ主体であり、またウナギ・コイ・ハゼなどの淡水系の漁撈活動が展開されていることも明らかにされた[7]。

3 動物遺体の分析と環境

先史時代の狩猟・漁撈活動とともに採集活動も主要活動の一つである。最近、埋存されている動物遺体の量的分析による採集・狩猟・漁撈のあり方、動物の生態・習性からそれぞれの技術解明と周辺環境の復元に迫る研究[8]がなされている。

貝類の分析によって貝層間の変化、貝塚間の採集対象の変化や遺跡周辺の自然環境の復元と変化も考察することが可能となる。さて、表1に示したように左道・桂島両貝塚は、スガイが全体の約半数を占め、似かよった貝類採捕活動がなされている。スガイは北海道以南に分布し、潮間帯の岩礁底に棲む小巻貝であり、レイシ・イボニシ・クボガイなども同じ生態である。また、マガキは内湾環境の岩礁に付着、外洋の岩礁に付着するイガイも含めると、左道、桂島、金山の諸貝塚の周辺には、岩礁・礫底の発達を示す。このように岩礁性貝を主体とする貝塚は、大木囲貝塚、宮戸島貝塚台囲・梨木囲地区の縄文前期の小貝塚にも見られる。しかも、量こそ少ないが二枚貝のアサリ・カリガネエガイ・マテガイ・ハマグリなどの貝類も採捕されており、左道、桂島、金山の貝塚周辺にも遠浅の砂泥質の海岸が形成されていることを示す。

宮戸島西畑地区の調査で出土貝組成を示したのが図2である。二枚貝のアサリが優勢な層から次第にスガイなどが増加する層へと周期性が見られる。上層に向ってアサリが多くなる傾向を示し、付近の海底の泥底化していったことを物語り、西畑地区周辺の食料確保の舞台が変化していること

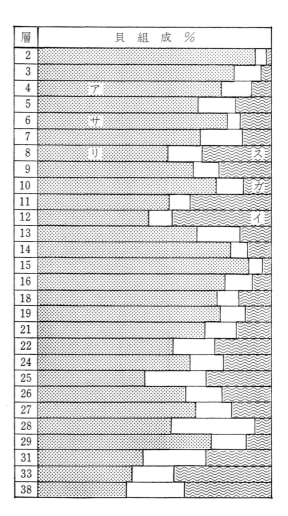

図2 宮戸島貝塚西畑地区 A 区貝組成図
層番号については現実に多少前後するようであるが、機械的に処理した

表3 南境貝塚出土ハマグリの層位別殻長比較表

殻長 cm	層位 部位	5・6-Q-7B		5・6-P-11	
		左(%)	右(%)	左(%)	右(%)
2.0～2.5					
2.5～3.0		3(4.5)	2(2.6)		
3.0～3.5		20(29.9)	20(26.0)	2(1.9)	
3.5～4.0		23(34.3)	21(27.3)	2(1.9)	14(11.4)
4.0～4.5		12(17.9)	17(22.1)	10(9.3)	32(26.0)
4.5～5.0		3(4.5)	10(13.0)	21(19.4)	33(26.8)
5.0～5.5		5(7.5)	4(5.2)	25(23.1)	25(20.3)
5.5～6.0			3(3.9)	31(28.7)	13(10.6)
6.0～6.5		1(1.5)		16(14.8)	13(10.6)
6.5～7.0				3(2.8)	4(3.3)
7.0～7.5					1(0.8)
計		67(100.1)	77(100.1)	108(100)	123(100)

を示している。南境貝塚でも、中期末から後期初頭にかけて貝類採集に多少の変化が見られる。それは5・6-P-11層(大木10式期)でハマグリが80％以上を占め、5・6-Q-7B層(宮戸1b式期)では約 60% の割合となり、他の砂泥底に生息す

るアサリ・シオフキなどが増加の傾向を示す。また，表3のようにP—11層の70%のハマグリが殻長 4.5～6.0cm の範囲を示したが，Q—7B層はやや小形となり殻長 3.0～4.5cm が約80%を占めるようになって，周辺環境がハマグリ生息に不適な要件の出現を示すと考えられる。それに，ヤマトシジミも採捕されて，遺跡周辺の海岸底の環境・地形の変化があったことを示す。また，オオタニシ・ヌマガイの存在も確認され，周辺に淡水化した地域の出現も推定される。同様のことは二月田貝塚の調査でもブロック状のオオタニシの検出がある。

魚類も表2に示したように桂島，左道，貝殻塚の各貝塚ともマダイ・クロダイ漁が中心である。マダイ・クロダイは，沿岸の海藻類の繁茂する潮流のよく通る暗礁付近に多く，沖合に面した深所の底近く遊行する。回遊性が弱く，夏季および産卵期に浅所に来遊し，砂泥地より礫石の場を好む。とくにクロダイはタイ類の中でも最も浅所に来遊する。貝類でも岩礁性貝が多かったように，魚類からも桂島，左道の両貝塚周辺の海底様相を知ることができるのである。

4　動物遺体と狩猟・漁撈活動の展開

縄文前期の3貝塚は軟体動物の分析によって，貝塚立地周辺の海岸・海底環境が岩礁海岸，岩礁底や遠浅の砂泥底の発達を考えることができた[9]。しかも，環境に適応した採集活動であったと考えられた。

当時の生活領域はどの程度かその検証は困難であるが，遺跡立地と遺跡数からする考えもあり，青島，富崎貝塚のように淡水産貝類のほかに海水産の貝類などの検出もあって，生活領域の広さを考えさせられる。このように動物遺体の分析によってかなり推定できる。前期縄文人の外洋への活動は，貝刃の素材であるチョウセンハマグリ・ハマグリの採捕活動で示される。左道貝塚で外洋へ 3km，貝殻塚貝塚で約 10km であり，外洋でのマダイ・クロダイ・スズキ漁と仙台湾沿岸貝塚の特色であるマグロ遺存骨の多いことと関連し，回遊魚捕獲のため外海への積極

的活動を示すもので，前期縄文人の生活領域と漁撈技術が注目される。しかも，魚種の構成によって左道，桂島貝塚は外洋型漁撈活動，貝殻塚貝塚は外洋への活動もさることながら，フグ・コチ・ヒラメなどの内湾型活動の展開を示している。

このように，マダイ・クロダイ・スズキ・マグロと盛んに漁撈を展開しているが，前期貝塚から出土する用具としては，わずかに粗製の骨製刺突具と釣針のみである。特記すべきは，桂島貝塚から離頭銛頭が1点出土していることで，マダイや回遊魚のマグロ・カツオ類の捕獲に最大の武器として利用されたことであろう。中・後期になって南境貝塚では釣針・離頭銛頭・尖頭器など各種の漁撈用具が爆発的に急増するとともに，スズキ・マグロなどの遺存体の出土も増大し，漁撈活動の展開期を示す。これは，仙台湾沿岸貝塚の中で前期初頭と中期末から後期初頭に営まれる貝塚の多いことと関連して興味深いものがある。

自然遺物の分析が進められ，各魚類の部位別分類によるとマダイ・クロダイ・スズキの脊椎骨の検出がいたって少ないという事実があった。しかし，桂島貝塚では B—2 層からタイ椎骨 1,100 個も検出された。これは，マダイの総椎骨数（VN）24 個から尾部棒状骨を引いた 23 個で機械的に処

表 4　シカ・イノシシの歯の萌出による推定年齢と段階

	歯の萌出状態	月数	段　　　　階
シ	○乳歯萌出	1	I段階　すべて乳歯
	○M₁萌出開始から完了	3～4 4 5	II段階　1. M₁萌出途中 2. M₁萌出完了 3. M₁萌出以後，M₂未萌出のもの
カ	○M₂萌出開始から完了 　I₁・C 萌え代り	12～14	III段階　1. M₂萌出途中 2. M₂萌出完了 3. M₂萌出以後，M₃未萌出のもの
	○M₃萌出開始してその以後 　（全部萌出完了）	21～24	IV段階　1. M₃萌出途中 2. M₃萌出ほぼ完了 3. M₃萌出完了後磨耗進行 4. 磨耗進みエナメル質がなくなる
イ	○乳歯完全萌出	3	I段階　すべて乳歯
	○M₁萌出開始から完了 　P₁萌出	6	II段階　1. M₁萌出途中 2. M₁萌出完了 3. M₁萌出以後，M₂未萌出のもの
ノ	○M₂萌出開始から完了 　P₂・P₃萌出はじめ	12～18	III段階　1. M₂萌出途中 2. M₂萌出完了 3. M₂萌出以後，M₃未萌出のもの
シ シ	○M₃萌出開始してその以後	～30 42 45	IV段階　1. M₃萌出途中 2. M₃萌出ほぼ完了 3. M₃萌出完了し磨耗開始 4. M₃磨耗進行 5. 磨耗極度に進みエナメル質なくなる

○IV段階の M₃ 萌出完了後は，M₃ 及びその他の歯の磨耗状態で細分する。
○表は註11）から作成した。また歯牙萌出の月数については，ニホンジカは註12）を，イノシシは林・西田・望月・瀬田「日本産イノシシの歯牙による年令と性の判定」日本獣医学雑誌，39を参照した。

理すると，47.8匹分となり異常な数字となる。B－2層全体のマダイの最小個体数は135で，埋存椎骨は55.4%となって，他の貝塚と比較して異常に高い。タイ遺存骨の多い左道貝塚のA－1－3およびB－1－3の良好な貝層でも，推定個体数の椎骨数に対し椎骨埋存率は17.8%と12.9%である。タイ類の解体処理法および食法の違いを示すものであろう。また，南境貝塚でもマグロの椎骨が多数検出される。その出土状況も10個前後つながって特徴的に出土する（口絵参照）。頭部を切り落し30cm位の長さに輪切りにしたものらしく，マダイと同じく解体処理法と生活の一単位を示すものかも知れない。

3貝塚ともに捕獲されている狩猟獣は，シカ・イノシシなどを中心とした中型獣である。とくに肉量において，また，生産用具などの素材の骨角品の確保のため（口絵参照），かなり積極的に展開されたようである。仙台湾諸貝塚は時期に関係なくシカ・イノシシの占める割合は大きく，狩猟活動のウェイトも大きく，ほぼ1年を通じて行なわれていたと考えられている。最近，動物遺体の分析によって狩猟期を推定する研究が進められ，狩猟期について新しい見解や方法が提起されている。

宮城県北の伊豆沼・長沼周辺の貝塚で，冬期間にガン・カモ科の渡り鳥が飛来する時期に堆積した層を基準として，シカ・イノシシ・タヌキなどの遺存骨出現頻度によって猟期を推定できるという[10]。また，一方シカ・イノシシの遺体の分析，とくに顎骨の歯の萌出および磨耗によって捕獲された時期の年齢を算出して，それから猟期を推定する方法が示された[11]。それによると，シカの交尾期は9月下旬から11月上旬で，約250日の妊娠期間を経て，翌年5～6月末頃に1頭を生む。成長過程を現生シカの歯の萌出過程を調査した大泰司[12]の資料を参考にし，貝塚標本と調整して，年齢別の歯の萌出段階を作成すると表4のようになり，歯の模式は図3のようになる。この結果，青島，富崎貝塚の個体で，最も多いのがⅣ－2段階で，Ⅳ－1段階がこれに次ぎ，両貝塚の約半数にあたる。この段階は，生後約19～21月にあたり，出産の最盛期である5月下旬～6月中旬に生まれたと仮定すると，捕獲時期は12月下旬から3月中旬頃と推定される。Ⅱ－2～Ⅱ－3段階も第2大臼歯（M_2）が萌出を開始するときに注目すると，同じく10月頃から11月頃と推定され，両貝塚のシカ猟は初秋から早春にかけてと考えられる。

同様に，イノシシも12月～2月が交尾期，妊娠期間約130日で，4月～6月頃に3～8頭を産む。表4・図3に示した通り，段階ごとに見ると，両貝塚ともにⅢ－3～Ⅳ－2段階が多く，これは生後18～30月に相当し，5月に生まれたとすると，捕獲された時期は11月中旬となる。Ⅱ－2～Ⅱ－3段階の個体も，生後6ヵ月以後1.5年位であって，やはり捕獲時期も11月～翌年5月頃と推定され，イノシシ猟については年間を通して行なわれたと推定される。これは一事例であるが，縄文人の季節的な活動の研究が動物遺体の観察・分析によって進められている。

宮戸島西畑地区でも，貝殻の成長線の測定によって貝採集の季節を考え，

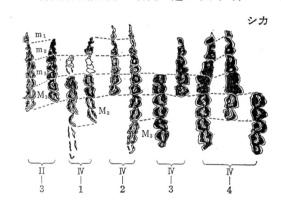

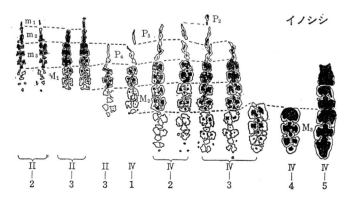

図3　シカ・イノシシの下顎骨における歯の萌出・磨耗段階図

西畑地区出土の各種動物の生態・季節的習性を基本に，堆積貝層の季節的形成時期の推定がなされ[13]，アサリは春を中心とした採集活動を推定し，スガイを含め他の貝種が増加する時期を他の期間の活動と推定する（図 2）といった資料が示されている。また，堆積された貝層に埋存する動物遺体から最小カロリーの概算をし，それから，同一地点に連続して廃棄を繰り返す小集団の形成を考えようとする研究も進められている。

最近は，動物遺体の擦痕や損傷を丹念に観察して類別し，動物の解体法や狩猟技術，とくに弓の威力を知る資料が増加している。動物遺体に石鏃が射込まれた状況を示す資料が田柄貝塚から数例検出された。石鏃の先端部が遺体に残存しており，矢の射込まれた角度など，弓の威力とその技術解明の資料が発見されていることが特記される。

また，宮戸島台囲・西ノ浜貝塚からは，イノシシの下顎骨が集積されて発見され，特殊遺構として狩猟に関係した豊猟を祈る祭祀の場として注目された例もある。

5　動物遺体の分析と今後への期待

昭和 43 年以来動物遺体の分析研究が進められ，仙台湾諸貝塚での狩猟・漁撈生活を明らかにするという成果を挙げて来た。昭和 50 年代から始められた悉皆調査法の実施によって，今までにない微細な研究と遺跡全体に関する集団の諸活動を明らかにすることができるようになった。しかしながら，一方では厖大な資料をかかえこみ，しかも微細な作業ということで資料化が非常にむずかしく，時間がかかるという問題点をかかえた。したがって，今後は研究機関内部の整備が急務であるとともに，それぞれ専門間の協業作業による資料の整備と資料化を促進する提携が必要であり，その充実によって新しい研究法を進展させたいものである。

註

1)　宮城県教育委員会『宮城県遺跡地名表』宮城県文化財調査報告書 73，1981

2)　伊東信雄『宮城県遠田郡不動堂村素山貝塚調査報告』東北帝国大学法文学部奥羽史料調査部研究報告 2，1940

3)　松本彦七郎「宮戸島里浜介塚の分層的発掘成績」人類学雑誌，34—9，1919

松本彦七郎「宮戸島里浜介塚の分層的発掘成績（続）」人類学雑誌，34—11・12，1921

4)　後藤勝彦ほか『宮城県桃生郡河北町南境貝塚埋蔵文化財第 4 次緊急調査概報』宮城県文化財調査報告書 20，1969

5)　昭和 54 年県教委が気仙沼バイパス建設に関連した調査。3 時期の貝層，上部は縄文晩期初頭アサリ・オキシジミ主体，中部はハマグリ主体で後期末，下部はアサリが比較的多く占め後期後葉である。多数の漁撈用具，約 4,500 箱の自然遺物を採集した。三陸沿岸の外湾的性格と対照的に貝種・魚種から見て，極めて内湾的様相を呈し注目された。

6)　東北歴史資料館『里浜貝塚Ⅰ—宮城県鳴瀬町宮戸島里浜西畑地点の調査・研究Ⅰ—』東北歴史資料館資料集 5，1982

7)　宮城県教育委員会『金剛寺貝塚・宇賀崎貝塚・宇賀崎 1 号墳他』宮城県文化財調査報告書 67，1980

8)　林　謙作「宮城県浅部貝塚出土のシカ・イノシシ遺体」物質文化，15，1970

林　謙作「宮城県浅部貝塚出土の動物遺体」物質文化，17，1971

宮城県塩釜女子高等学校社会部「二月田貝塚」貝輪，6，1970

宮城県塩釜女子高等学校社会部「二月田貝塚Ⅱ」貝輪，7，1971

遊佐五郎『青島貝塚の動物遺存体について』南方町史資料編，1975

金子浩昌『淡水貝塚とその動物遺存体』南方町史資料編，1975　など多数

9)　後藤勝彦『仙台湾縄文前期貝塚出土の動物遺体から見た漁撈活動について一特に左道貝塚・貝殻塚貝塚・桂島貝塚を中心として一』宮城県多賀城跡調査研究所研究紀要Ⅳ，1979

10)　林　謙作，前掲書註 8)に同じ

11)　遊佐五郎「狩猟活動の季節性について」宮城史学，3，1974

12)　大泰司紀之「遺跡出土ニホンジカの下顎骨による性別・年令・死亡季節査定法」考古学と自然科学，13，1980

13)　岡村道雄「里浜貝塚西畑地点の貝塚を残した集団とその季節的生活」考古学ジャーナル，231，1984

岡村道雄「松島湾宮戸島里浜貝塚における食糧採集活動とその季節性」考古学研究，29—4，1983

相模湾のイルカ猟
——伊東市井戸川遺跡を中心に——

静岡県埋蔵文化財調査研究所　伊東市教育委員会
栗野克巳（くりの・かつみ）・**永浜真理子**（ながはま・まりこ）

> イルカの骨を出土する遺跡は限定されているが、井戸川遺跡ではイルカの骨を中心に、陸獣の骨も加えた祭の場があった

1　井戸川遺跡の概要

　井戸川遺跡は、静岡県伊東市和田2丁目に所在する縄文時代晩期前半の貝塚を伴う遺跡である。1980年の市立玖須美保育園建設工事に伴う発掘調査により、イノシシ・シカ・イルカをはじめ、岩礁性巻貝・魚類その他の動物遺存体が出土し、伊豆半島・駿河湾にかけての空白地帯で、初めて発見された貝塚として注目される遺跡である。

　位置　伊東市は、伊豆半島東海岸やや北寄りに位置し、東は相模灘に面し、リアス式海岸の発達によって成立した伊東湾は北東部に開口する。古くから港として、また伊豆半島最大の湯量を誇る温泉地として栄えた。伊東市街地は、北東に向けて流れる伊東大川によって形成された、ラッパ状に広がるせまい沖積平野と、周りを囲む台地・山地とからなる。左岸側は、比較的急傾斜な標高400～500mの山地に面し、右岸側は、階段状の段丘面をもつ約200mの台地に面する。井戸川遺跡は、右岸台地の北面する崖下、標高4～10mの低地に位置する。遺跡の南側に接する洪積世台地上の遺跡は、次のように3段の低位段丘面に分類される。①大原段丘面（標高42～48m）—仏現寺・道副・東小学校・伊東高校テニスコート遺跡群（縄文早・前・中・後期、古墳～奈良）、②竹の台段丘面（20～28m）—竹の台遺跡・内野遺跡（縄文前・中・後期、古墳～奈良・平安）、③音無神社段丘（10m）—上ノ坊遺跡（縄文早・前期）などの遺跡が約1km²の範囲に散在している。

　調査概要　井戸川遺跡は『伊東市史』（1958年）に「堀之内式土器と打製石斧・弥生時代の挟入石斧・大型石錘4点・和泉式土器等が発見されて

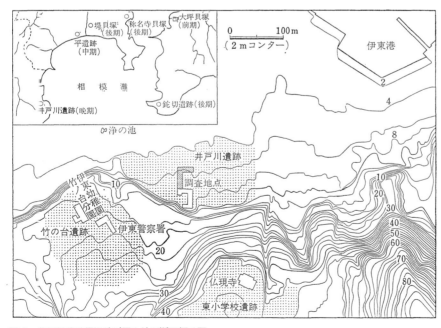
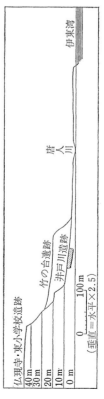

図1　井戸川遺跡周辺地形図と地形断面概略図

31

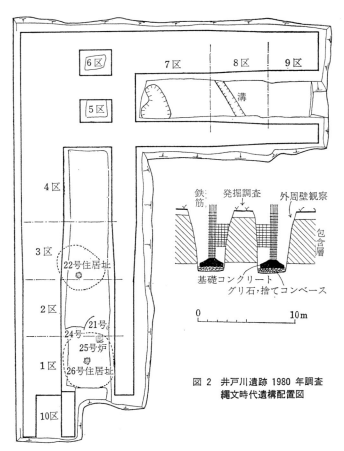

図 2　井戸川遺跡 1980 年調査 縄文時代遺構配置図

いるが，ほとんど湮滅」という内容の記事になっていた。そこで周知の遺跡として登録されてはいたものの，事前に十分な検討が行なわれないまま，保育園の建設工事に着手，基礎工事の掘削による多量の遺物の散乱が契機となって発掘調査されたのである。

　南北 45m，東西 32m，逆L字形の園舎の基礎掘削面積は約 863m² あり，幅約 14m，深約 3m の範囲がすでに掘られている上に，基礎コンクリートの鉄筋の配筋も進んでいた。しかし2列の基礎の中間に，幅約 4m，延長約 50m，約 190m² の包含層が 455m³ 残存しており，遺跡の性格・構造を把握することを目的として発掘調査するとともに，合せて当初の掘削による排土約 2,000m³ を再発掘し，多量の遺物を採取した。調査主体を伊東市教育委員会とし，調査担当者は県教委文化課職員の派遣として 1980 年 9 月 17 日から 11 月 10 日まで約2ヵ月間，工事を中断して実施するにあたり，市関係者・請負工事業者の努力には並々ならぬものがあったことをつけ加えておきたい。

　土層・立地　土層は 5 層に大別される。

　1層—明茶褐色土（表土），2層—茶褐色土（奈良〜平安時代），3層—黒褐色土（古墳時代），4層—黒色土・茶褐色土〜シルト（縄文時代），5層—灰茶褐色土・黄褐色粗砂・礫混り粗砂（地山）となっており，標高は調査区内南端部で表土 6.75m，4層下底面 5m，北端部で表土 4.95m，4層下底面 3.15m と北側にゆるく傾斜している。地形図により遺跡の範囲をみると，海抜 4〜10m の等高線の範囲，南北約 120m，東西約 250m と推定される。第5層には水成堆積の粗砂層＝海成砂層がみられ円礫が混在した状況は，現在の伊東湾の波打際と同じ景観を示す。縄文時代前期の海進最高位は，静岡県では 5m 前後とされており，以後の海退現象により形成された砂浜上に，遺跡が立地したことがうかがわれる。復元地形は「台地の崖下に形成された浜辺」という特異な立地の遺跡となる。

　遺構　せまい面積の割に密度が高く，30を超える。しかし工事により寸断され，壁や床面の一部の確認に終わったものが多い。大半は古墳時代（前〜後）と奈良・平安時代のカマドをもつ住居址である。縄文時代の遺構は，住居址 5，溝 1，不定形凹み 1 である。縄文の住居址は調査区の西南部 1〜3 区に集中し，覆土中からの出土品が多かった。とくに 26 号住居址は，伊東市と中伊豆町の境界線上にある柏峠原産とされる黒曜石の原石・石核・石屑とともに半成品・成品などの集積層がみられ，石器製造にかかわるものとして注目され，また動物遺存体，なかでも貝類・魚類の団塊がみられ，地点貝塚の様相を示した。そこで土ごと採取し，現地調査後に選別作業を実施した。第1地点貝塚とするが，隣接する2区〜3区の住居址覆土からも骨角器若干の出土がみられた。一方，調査区北部の 5〜9 区には縄文時代の住居址はなく，溝状遺構と凹地となっていた。7〜9 区にかけては，獣骨層と表現されるぐらい動物遺存体が層をなして重なっており，イノシシ・シカ・イルカに加え，クジラの椎骨が発見されるに及んだ。この地区では，軟弱化した獣骨層すべてを取り上げることはできず，一部を土ごと取り上げた。地形的に浅い谷頭状の凹地に廃棄されたこれらの遺物群を第2地点とする。

出土品 未整理であるが，縄文時代の動物遺存体の年代観については，伴出土器から晩期前半に限定される。　　　　　　　　　　　　　（栗野）

2　井戸川遺跡の性格

東京湾口部に当たる三浦半島から相模灘沿岸には縄文時代の遺跡が多数存在し，その中にはイルカの骨を少なからず出土する遺跡がいくつか知られている。このようにイルカの骨をまとまって出土する遺跡がみられる地域は，北海道釧路川河口，能登半島，富山湾，そして相模灘沿岸と全国的にみても極めて限られた地域である。これらの地域はいずれもイルカの回遊ルートに相当し，イルカの餌となるイワシ・イカ・ニシンなどの豊富な海域であり，またイルカを捕獲するに適した入江があるなど地理的にも好条件を備えた所である。

ここで紹介する伊東市井戸川遺跡は相模灘の西側に当たり，これまでは動物遺存体を出土する遺跡の知られていなかった地域であるが，今回の調査で地点貝塚あるいは貝塚の様相を示す場所が発見された。貝塚は今回の調査区内の北側と南側の2ヵ所検出されている。

第一の貝塚は遺跡の南側（第1区）の住居址の覆土中より主として魚貝類を多く出土し，第二の貝塚は遺跡の北側（第7〜9区）で谷頭状の浅い凹地の斜面堆積層より獣骨・イルカなどを多く出土するものである。

貝塚を特徴づける動物遺体　貝塚といっても貝層を形成するほどの貝はなかったが，イシダタミ，クボガイを主とした岩礁貝類が主体で，アワビ，サザエもみられた。魚類もウツボ類，ハタ類，ハリセンボンなどの岩礁魚があり，カツオ類のような外海回遊魚のあったのも重要な特徴である。

爬虫類にウミガメ類が目立ち，鳥類にはウミウ，ワシ類があった。

哺乳類は重要な動物群で，イノシシを主にニホンジカ，カモシカ，オオカミと多彩であり，海棲獣としてマイルカが目立ち，一連のイルカ多産遺跡群の一つになる。

イルカ，イノシシ頭蓋の集積　遺跡北側にあった貝塚地点で，大きなクジラの椎体を中心として，マイルカ，イノシシの頭蓋を集積した状態が検出されている。4個あったイルカの頭蓋は吻端をクジラ椎体の方に向け，間にイノシシ，シカの頭蓋がおかれていた。その周囲には多くの魚骨があったらしい。

井戸川例は，イルカだけでなく，陸獣をも加えているものであり，いうまでもなくここは多彩な狩猟活動の成果を神々に祈り，感謝する場所であった。そしてイルカ猟に象徴される海洋資源の利用は，それがこの地域に止まらず，内陸への物資の移動となり，文化の交流を誘発したに違いない。一方また，外海漁撈の文化が東京湾口域から，伊豆諸島を含む地域のなかに展開していたことは，文化面では同遺跡の該地域への広範な分布の中に見ることができ，骨角器もまたその一つである。

銛頭と釣針　軸基部に穿孔部をもち，柄の方につけられたソケットに装着する銛頭は，同類のものが最近伊豆新島の縄文後期末葉期遺跡から知られており，井戸川例が三浦，伊豆諸島をめぐる外海・漁撈文化の所産であることが明らかになってきている。釣針についても同じことがいえるであろう。渡浮根例は大形のものしかないが，軸から釣先へと鋭角で曲る点は共通しているし，おそらく小形の釣針もあったと思う。なお，その原形は横浜市称名寺貝塚の釣針なのであろう。

3　イルカの追い込み猟

伊東におけるイルカ猟の起源は定かではないが，江戸時代以前からずっと行なわれていたであ

図3　イルカ猟の様子
（『静岡県水産誌』1894 より）

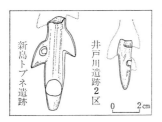

図4 鹿角製銛頭

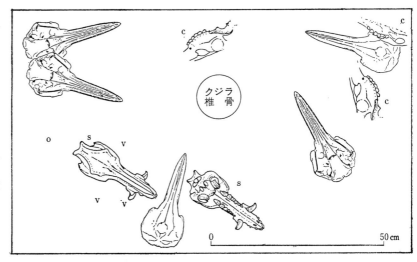

図5 クジラの椎体を中心として並べられたマイルカ，イノシシ，シカの頭蓋群（復原推定図）
o：黒曜石剥片多数
v：魚の椎体が多い
s：イノシシ頭蓋
c：ニホンジカ頭蓋

ろうと考えられている。しかし近代的な追い込み猟の方法が確立されたのは明治17年からと言われている。追い込み猟の方法は伊豆稲取（東伊豆町）から伝授されたものであるが，稲取ではイルカの他にもゴンドウ鯨などの鯨取りを行なっていた。しかし伊東においては岸近くに寄った鯨を取ることはあったであろうが，捕鯨をしたという記録はない。それだけにイルカだけを捕獲していたのも，自然環境の地域的変化のあらわれと言えよう。

江戸時代のイルカ猟の様子は『伊東誌』に詳しい。同書によれば，「湯川・松原両村の地曳網十二艘張の地曳網にて洋中へ乗り出し懸る也。入鹿よせ来る時一番船・二番船と我先に乗り出し網を下り大手を取切る也。さて両村次第に懸廻し，猶又小舟も多く出て是を助け，陸地へ寄るに随い先の網を操上げ，段段に陸地へよせ来る也。陸地成平生用る地曳網の場に到れば，後掛と云て幾重にも地曳網にて懸廻し，手近くになると両村より若者大勢出て，曳ころばしという太き縄網にて懸廻し陸地へしめつけ，数人海中へ飛入，かの入鹿を抱上るなり。……漁事のむきにより千本も二千本も揚る也」とある。この時代にはまだイルカ専用の網がなく，地曳網用の網が用いられている。

近年のイルカ猟は，9月20日～12月20日の間に限られている。この期間中の朝4時半頃に港を出て，大島付近までイルカのナブラ（群）が来ているかどうかを偵察にゆく。ナブラがみつかるとすぐに港に連絡し，2艘の船が応援にいく。高速の船がイルカの先頭の向を陸地方向に変えながら，少しずつ湾に向って追い込んで来る。一般的にイルカは船に追いかけられると最初は20～25ノットの速さで30分位逃げまわるが，陸地が見えてくるとスピードが落ちてくると言う。湾の近くまで追い込んでから他の船が出て応援をする。最も湾に近くなると逃げられないようにブイからブイ，そして陸まで網を張る。ナブラがよいと最初の網の内側にもう一重の網を張る。ここで沖から追ってきたイルカを一度休ませ，しばらくしてからさらに陸地の方へと追い込んで来る。

イルカは先頭を泳ぐもののコースを変更させると群全体がそれに従う性質を持ち，また音にも非常に敏感な動物であるので，コース変更をさせるために船べりをたたいたり，水面をたたいたりする。これをくり返しながら入江へと追い込む。追い込んだイルカは村の若い衆によって1頭ずつ抱きかかえて陸に上げられる。これは"イルカは女郎の生まれかわりだから，男がかかえるとおとなしい"と言われているためである。

かつてはイルカ1頭がもたらす恩恵はわれわれが想像する以上に大きかったにちがいない。それだけに捕獲方法や道具の発達は重要な意味を持っていたはずである。しかし規模や技術の差こそあれ，イルカ猟の基本には相通ずるものがあったのではないかと考えている。

末尾ながら，イルカ猟の習俗について種々のご教示を得た富戸漁業協同組合長日吉知之氏並びに数多くの富戸漁業協同組合員の皆さまに厚く御礼申し上げます。
（永浜）

註
1) 川崎義雄「渡浮根遺跡」文化財の保護, 3, 1984
2) 静岡県『静岡県水産誌』1894

中部山岳地帯の動物──

──栃原岩陰遺跡を中心に──

愛知学院大学教授　信州大学助手
宮尾嶽雄・西沢寿晃
（みやお・たけお）　（にしざわ・としあき）

クリ帯上限に近い環境の山岳地帯に立地する栃原岩陰遺跡で
はカモシカ，クマ，ニホンザル，テンなどの出土がみられる

1　栃原岩陰遺跡

　長野県南佐久郡北相木村栃原東栃原が遺跡の所在地籍である。関東山地北部，群馬県境の稜線から水を集めた北相木川は西流し，南相木川と合して，小海線の小海駅付近で千曲川に注ぐ。八ヶ岳火山の活動（洪積世前期末）による相木川泥流が浸蝕されて深い溪谷が形成され，両岸の懸崖には，多くの岩陰やノッチ群が穿たれている。この溪谷沿いに点在する集落が北相木村である。遺跡はそうした岩陰群の一つで，海抜 960m，低山帯（山地帯）に位置している。

　1965 年から 1978 年にわたって，15 回に及ぶ発掘調査が行なわれてきた岩陰は（調査団長・故鈴木誠博士），北相木川の右岸，東南に向かって開口しており，最下部で幅約 8 m，奥行約 8 m，高さ約 6 m で，現河床面より約 13m 上方に位置している。北相木川と岩陰の間を開削した道路工事によって，開口部は大きく削除されたものらしく，現在残されているのは，奥壁に近い部分だったようである。

　基盤泥流と砂層の上に，厚さ約5.5mの遺物包含層があり，断面観察では，焼土，木灰，木炭，土砂が縞状をなして堆積していた。C^{14} 年代測定の結果，上層部の −95〜127 cm で 7,920±80 B.P.（Gak.-1054），−150〜182cm で 8,650±180 B.P.（Gak.-1056），最下部の −534〜535 cm で 8,870±220 B.P.（Gak.-3773）という値が出されている[1]。

2　人骨，遺構と遺物

　5.5m に及ぶ包含層中から発見された遺構は，石組炉 61，焼土の炉跡 63 に達した。出土人骨も成人 8 体，小児 2 体，新生児 2 体の計 12 体がみられており，とくに第 1 号人骨は，縄文早期人の顔面部を残す貴重な資料とされる。葬法はすべて屈葬で，抱き石葬の形態をとるものが多い[1]。

　土器は きわめて多量で，表裏縄文・表裏撚糸文・斜縄文土器を主とする下部，押型文土器を主とする中部，沈線文・条痕文・押引文を主とする上部に大別され，縄文時代草創期〜早期の土器文化を示すものとされる[1]。

　石器は石鏃，石錐，搔器，ピエス・エスキーユ，小石刃，石皿，磨石，特殊磨石，凹石，砥石，敲石，ハンマー・ストーンに類別され，下層部に器種が豊富で量も多い[1]。

　骨角器も骨針，骨ベラ，刺突具，釣針，骨匙など，多岐にわたっている[1]。

　海産の貝類を加工した装身具も多い。オオカミ，ツキノワグマの犬歯に穿孔した垂飾，響様の骨器などもみられている[1],[6]。

　縄文時代草創期〜早期の住居あるいはキャンプ，そして墓地として利用されてきた遺跡であろう[1],[2]。

3　自然遺物

　植物ではコナラ，クリ，オニグルミ，エゾエノキなどの堅果・核果の殻片が少量検出されているにすぎない。保存されにくいためであろう。その中では，エゾエノキの核果が比較的多かった[1],[2]。

　動物では淡水産貝類としてカワシンジュガイ，カラスガイ，マツカサガイ，陸貝類としてミスジマイマイ，ヒダリマキマイマイ，キセルモドキ，ツムガタギセルなどが出土した。カワシンジュガイの出土量は多く，紅殻（べんがら）のついた例もみられており，食用のほかに，装身具などにも広い用途があったことをうかがわせる。現在の北相木川には，本種の生息をみない。節足動物では，サワガニのハサミが出土している[1]。

　魚類ではサケ・マス類の椎骨が出土している[1]。カワシンジュガイはサケ科の魚類に寄生して幼貝となるので，当時の北相木川にはヤマメ・イワナのほかに，サケ・マスの遡上も多かったにちがいない。

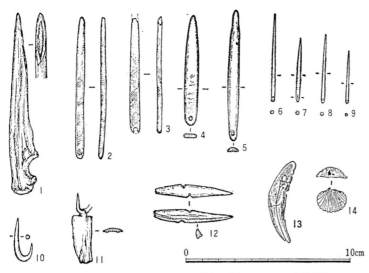

栃原遺跡出土遺物 （1：ニホンザル 尺骨製刺突具　2～5：へら状骨器　6～9：骨針　10～12：骨製釣針　13：穿孔のあるオオカミの上顎犬歯　14：ハイガイ）

表1　中・小型哺乳類の出土下顎骨数

和　名	出土層位（地表面より cm） ～50 ～100 ～150 ～200 ～250 ～300 ～350 ～400 ～450 ～500～	計
モグラ	1	1
ノウサギ	2　14　21	37
リ　ス	1　1　　　　　　　2　10　11	25
ムササビ	6　22　9	37
カゲネズミ	1	1
ハタネズミ	1	1
アカネズミ	21　2　　　1　2　4	30
タ　ヌ　キ	1　1　　　2　1　　　3　　　1	9
キ　ツ　ネ	1　2	3
テ　ン	2　1　　　3　12　14	32
イ　タ　チ	1　1	2
アナグマ	2　1　　1　　　　　1	5
カワウソ	2	2

表2　大型哺乳類の出土踵骨および距骨の合計数
（参考としてノウサギのそれも示してある）

和　名	出土層位（地表面より cm） ～50 ～100 ～150 ～200 ～250 ～300 ～350 ～400 ～450 ～500～	計
ノウサギ	2　2　　　3　21　14	42
ニホンザル	10　11　6　7　15　15	64
ツキノワグマ	1　1　　1　　　　2　6　8　2	21
オオカミ	1	1
イノシシ	3　1　　1　3　3　4　7　3　8　12　4	49
シ　カ	4　15　8　6　21　17　30　14　18　39　23	195
カモシカ	1　1　1　1　　　8　4　7	27

両生類ではヒキガエルとヤマアカガエルの骨片が同定されている。前者の出土量は多い。

鳥類ではキジ，ヤマドリのほかに，キジバト，カルガモ，オシドリ，ツグミ類などの骨片が出土している[1]。爬虫類は現在まで検出されていない。

4　哺乳類の出土状況

自然遺物のうち，哺乳類の骨や歯の出土量は圧倒的に多く，総重量 231 kg に達している。骨はそのほとんどがきわめて細かに破砕されており，焼けているものも多い。

出土量比を，中・小型哺乳類については下顎骨，大型哺乳類については踵骨と距骨の数で示すと表1および表2の如くになる。ノウサギについては参考までに，両者の数を示してある[3]。

表にあげた種のほかに，ジネズミ，ヒミズ，ヤチネズミ，ヒメネズミの骨片もみられており，出土した野生哺乳類は6目23種となる[2],[3]。

中・小型哺乳類では，ノウサギとムササビが最も多く，テン，アカネズミ，リスがこれらに次ぐ。テン以外の食肉類は少ない。また，これら中・小型哺乳類は，下半部に集中して出土しており，上半部の包含層にはまれとなる。

大型哺乳類ではシカが最も多く，ニホンザルとイノシシがこれに次ぐ。カモシカとツキノワグマは，これらに比較してずっと少なく，オオカミについては，踵骨1点と歯8点がみられたにすぎない[6]。

ニホンザル，ツキノワグマおよびカモシカは，中・小型哺乳類同様，下半部の包含層に集中しており，上半部にはまれである。これに対して，シカとイノシシは下部から表層まで連続的に出土している[3]。

カモシカ，ツキノワグマ，ニホンザル，テンなどの出土に，山岳地帯に立地する遺跡の特色がみられる。

5 イ ヌ

表層から －270 cm の包含層中に，上顎犬歯（左）1点の出土をみた[5]。愛媛県上黒岩遺跡や神奈川県夏島貝塚などに次ぐ，古い出土例ではなかろうか。長野県の縄文時代遺跡からのイヌの出土例は，晩期の保地遺跡（埴科郡坂城町南条）が知られているにすぎないようであるから，この出土例は，イヌの飼育という文化形態の伝播経路や時代を考える上で貴重であろう。

出土した犬歯の全長は 35.25 mm で，筆者の飼育していた現代柴犬（雌）の 32.10 mm よりやや大きいが，小型日本犬の範疇に含まれるものである[5]。縄文犬は大きくても「甲斐柴犬」程度であり，その多くが「柴犬」の範疇に入る小型犬であったとされる従来の指摘[7]に一致する。谷一つへだてた南の川上村には，「川上犬」（体高 40～50 cm，体長 65～75 cm）が保存されてきたが，遠く縄文時代のイヌの血をひくものであろうか。木曽郡開田村，下伊那郡遠山地方，諏訪郡山浦地方，北安曇郡小谷村などにも，伝統的に飼育されてきた「信州柴犬」が知られている。

上顎犬歯1点のみという出土状況からみて，栃原におけるイヌの飼育頭数がきわめて少なかったと考えるべきであろうか。イヌの1遺跡あたりの個体数が多くなるのは，中期後半以降であるという[7]。しかし，タヌキやキツネの出土骨数ですら数頭分にすぎないことをみると，イヌの飼育頭数についても簡単に，まれであった，といってしまうことはできないようにも思われる[5]。イヌの遺骸に対する特別な扱い，といったことも考えられよう。

6 狩猟と獲物の利用

季節の推移にしたがって，多様な食物源を利用し，1年間を食べつないでいくためのスケジュールが確立されていたことは疑いない。植物性食品をベースとして，季節ごとに入手しやすい動物性食品を組みこんでいったものと思われる。

春先には，産卵場に集まるヒキガエルを大量に捕獲することが容易であり，夏から秋にかけては，多種多様な昆虫類も利用したにちがいない。信州伝統のいかもの食い（蜂の子，ザザムシなど）は，この時代から受け継がれてきたものであろう。秋には川にサケ・マスが遡上し，冬鳥の大群

が渡ってくる。また，けもの猟に勇み立つ季節であったろう。

当時の人々は，動物の行動・習性を，現代の博物学者以上に熟知していたにちがいない。狩猟・採集の方法については，出土した石器や骨角器以外にその証拠を残していないが，現在知られているほとんどすべての猟法が，すでに確立していたのではなかろうか。精巧な釣針は，現在そのままで使用できるものである。大きさからみて，イワナ・ヤマメ用であったかもしれない。

むそう網，はり網，つき網，なげ網などの鳥猟も行なわれていたものと思う。比較的大型の骨針や，シカの中足骨や中手骨を加工した刺突具状の骨器には，そうした網を編む器具としての用途もあったのではないか。網はまた，川漁にも用いたであろう。

けもの猟についても，くくりわな，おし，はねわな，などのワナ猟，おとし穴の使用や据弓を仕かける方法もあったのではなかろうか。手拭，扇子をふりまわして注意をひき，わなにかけるカモシカ猟の話が『遠山奇談』（華誘居士，1798年刊）にみえる。カモシカの習性を巧みに利用した方法で，これなども当時の人々が知らなかったはずはない。

忍び猟，待撃ち，追出猟などは，イヌが加わることによって，にわかに生彩を放つ。ノバラや灌木の密生した間を，巧みにくぐり抜けて獲物を追い，忠実，従順，精悍で「感」がよく，判断力に富んでいる，とされる柴犬の飼育は，猟獲を飛躍的に増大させたであろう。鳥猟においては，ポイント能には欠けているが，猟獲をあげることにかけては，他犬種の追随を許さないという。信州には，赤犬（柴犬）を水辺に放し，そこに寄ってくるカモ類を撃つ「赤犬猟」が伝えられている。シカやイノシシ猟にも十分な能力があり，2，3頭のすぐれた犬があれば，単独でも猟が可能であるといい，「川上犬」は，カモシカやクマ猟に欠かせないものだったとされる。ウサギ猟には牝犬が，大物猟には牡犬が良いという。犬を使うことで，弓矢の真価が発揮されたであろう。紅殻を使用し，またドングリ類のあく抜き法が完成していたとすれば，矢毒の製造も十分考えられることである。

岩陰利用の後半期には，シカおよびイノシシのみを狩猟の対象とするようになるが，肉量と人口

とのかかわりから，効率の大きい大型獣のみをねらうようになったのではないかといわれる[8]。

衣料や履物に毛皮が縫製されていたことは，精巧な骨針の出土によって明らかである。現代の木綿針に匹敵する細い骨針の出土からみて，皮革のなめし技法も確立されていたと考えてよい。クリ・ナラ類の樹皮や果実のタンニンが利用されたかもしれない（植物タンニンなめし）。

先に述べた如く，出土する動物骨は細かく破砕されており，骨髄に至るまで，徹底的に利用されていたことがうかがわれる。東海地方の貝塚出土骨などに比較して，破砕の程度はきわめて著しい。猟獲された肉を，大事に食べていたのにちがいない。中部山岳地帯は，海岸地方にくらべて，食糧の確保に不安定な要因が多かったことをうかがわせる。したがって，食物の貯蔵ということについては，様々な工夫がなされていたことも想像に難くない。肉については，乾燥，くん製，塩蔵などの保存法が考えられていたであろう。塩は，単なる調味料としてでなく，塩蔵のために必要とする量が多かったのではないか。中部山岳地帯と海岸地方を結ぶ塩の道があり，交易を専業とする集団の存在も考えられるのである。栃原に運びこまれているタカラガイ，ハイガイ，ツノガイ，イモガイ，サメの歯などの海産物の存在がそれを裏づける。黒曜石とその加工品，骨器とその材料，毛皮などが，塩と交換されていた可能性が高い。食肉類のうち，とくに多く捕獲されていたテンは，その毛皮が山国の特産品として珍重されたためかもしれない。

薬物としての動物の価値も高かったであろう。ツキノワグマの胆嚢は有名であるが，その他動物の胆嚢，ツキノワグマの脂肪，キツネやテンの舌，サルの頭，キツネの下顎骨など，中部山岳地帯の各地に，薬物としてのそれらの効力に対する信頼は，今でも息づいている。オオカミやツキノワグマに対しては，何か霊的なものを感じていた気配もある（穿孔犬歯の出土）。

7 生活環境

現在は，八ヶ岳山麓から南佐久郡一帯，カラマツ人工林の占める面積比がきわめて大きい。しかし，早期縄文時代の植生は，かなりちがったものであったはずである。シカに次いでニホンザルが多く捕獲されていることからみて，この地域がク

リ・ナラ類を主体とする夏緑広葉樹林で被われていたことが示唆される。沢沿いにはオニグルミも多かったであろう。これらの種実はツキノワグマの生活を支えるためにも重要であるし，それ以上に，当時の人々の基本的な食物となっていたにちがいない。クリ帯の所在が，「大体に於て縄文文化圏の地理的範囲を決定する一つの要因となっていることは否定出来ない事実のようである」[9]といわれるが，栃原遺跡もその例外ではない。

遺跡出土のアカネズミ，ノウサギ，イノシシなどの歯や骨格は，現生のそれらに比較して，いずれも大型であった[4]。これは，当時の気温が，現在よりも低かったために生じた現象と考えられる[4]。花粉分析の結果から，早期縄文時代の年平均気温が，現在より 2〜3℃ 低かったとする従来の指摘[10]に矛盾しない。

現在，この地域のクリ帯（低山帯）の上限は，海抜 1,500 m ぐらいのところにあるが，当時はこれがもっと低かったことになる。気温減率は 100 m につき 0.6℃ くらいとされるから，当時のクリ帯上限は現在より 300〜500 m低かったのではなかろうか。栃原遺跡は海抜 960 m 地点にあるから，当時ほぼ，クリ帯上限に近い環境下にあったとみられる。したがって狩猟・採集の行動圏は，山の稜線へ向かってではなく，主として北相木川の下流，すなわち千曲川本流に沿った地域へ向かって拡がっていたと考えるべきであろう。

註

1) 西沢寿晃「栃原岩陰遺跡」長野県史 考古資料編，pp. 559〜584，長野県史刊行会，1982

2) 大参義一ほか『栃原遺跡発掘調査報告書一昭和58年度一』長野県北相木村教育委員会，1984

3) 宮尾嶽雄ほか「早期縄文時代長野県栃原岩陰遺跡出土の哺乳動物 第1報，出土哺乳動物相」哺乳動物学雑誌，8—5，1980

4) 宮尾嶽雄ほか「同上，第5報，ノウサギの歯と頭蓋骨の大きさ」歯科基礎医学会誌，26—4，1984

5) 宮尾嶽雄ほか「同上，第6報，イヌおよび中・小型食肉類」長野県考古学会誌，未刊

6) 宮尾嶽雄ほか「同上，第7報，オオカミの骨と歯」成長，23—2，1984

7) 西本豊弘「イヌ」縄文文化の研究2生業，pp. 161〜170，雄山閣，1983

8) 金子浩昌「狩猟対象と技術」同上，pp. 78〜102，1983

9) 酒詰仲男『日本縄文石器時代食料総説』土曜会，1961

10) 安田喜憲『環境考古学事始』日本放送協会，1980

西海・五島列島をめぐる漁撈活動

長崎県教育委員会
安楽　勉
(あんらく・つとむ)

西海地域は複雑な海岸線によって漁場に恵まれ，縄文から弥生時代に至る貝塚が数多く，特徴的な漁具が発見されている

1　はじめに

　長崎県西海岸を中心とする一帯は，五島列島をも含めて，古来から西海地方と呼ばれ，わが国最西端の一角を担い，良い自然環境に恵まれて外来文化の受け入れ口になって来た。日本の周辺には，いくつかの海流が流れているが，北上する黒潮が黄海冷水と混じり合って新しく出来た海流は，五島列島をかすめ，対馬海峡を通り日本海へ抜け，対馬暖流と呼ばれて人々の暮しの中に大きな恩恵を与えてきた。気候的には西海型気候に属し，冬は割合暖かく夏は涼しい日が多い。とくに五島列島に，暖流の影響で無霜地帯となっている。地形的には海岸線の屈曲が甚だしく，沿岸は各所に半島や岬が突出し，さらに大小約 600 の島々から構成され，一層複雑な海岸線を形成している。このため海の幸も豊富で，現在では 1,000 種以上の魚貝類が知られている。このことは漁撈活動の積極性となって現われ，縄文時代以来多くの貝塚が営まれていることも当然といえよう。

　一番古く見られる漁撈習俗は，『魏志』倭人伝の中に「好んで魚鰒を捕え，水に深浅となく，皆沈没して之を捕る」や「今，倭の水人は沈没をよくして魚蛤を捕え，文身して亦もって大漁，水禽を厭う。後にやや飾りとなす」と描写され，水人達がさかんに潜水してアワビ類をとり，さらに魚突きもやっていたことがわかる。また「壱岐の国風土記」には「昔者，鮨鯢，鯨を追ひければ，鯨走り来て，隠り伏しき。故，鯨伏と伝う」。と記録されている。鮨鯢はサカマタ（シャチ）のことで，鯨がシャチに追われている様である。多くの遺跡から出土する鯨骨は，追われたか，餌を追って浅瀬に乗りあげたものを捕獲したものと想像されているが，壱岐郷ノ浦町の有安古墳には，線刻で鯨を追う舟の群を描いた壁画があり，小舟には数本の櫓やモリをかまえた人物がいる。鯨の回遊路にあたる西北九州では，捕鯨漁業は近世まで盛んで，あますところなく利用された鯨は，一頭とれれば七浦うるおうとまで言われ，ここに漁業の集団共同行為を見ることができる。

2　西海地域の漁撈活動

　一般的に西海地域とは，長崎県の西海岸地方と五島列島をさす。海岸線は総延長 4,000 km 近くに達し，複雑な入江も多い。全体的に山が海にせまり，そのため河足は短く，平野に恵まれていない。その結果現在でも漁業に依存する体質は強く，また漁場にも恵まれている。この地域には縄文時代から弥生時代に至る貝塚の数も多く，形態

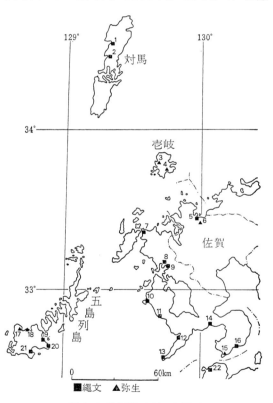

図1　西北九州における主要貝塚
1：志多留貝塚　2：吉田貝塚　3：カラカミ遺跡　4：原ノ辻遺跡　5：菜畑遺跡　6：宇木汲田貝塚　7：つぐめのはな遺跡　8：下本山岩陰遺跡　9：岩下洞穴　10：串島遺跡　11：出津遺跡　12：深堀遺跡　13：脇岬遺跡　14：有喜貝塚　15：口之津貝塚　16：堂崎遺跡　17：三井楽貝塚　18：寄神貝塚　19：江湖貝塚　20：白浜貝塚　21：宮下貝塚　22：沖ノ原貝塚

も様々であるが，ここでは五島と本土部西海岸を区別して概観してみたい。

本土部西海岸は平戸・佐世保・西彼杵・長崎半島から島原半島の西側まで含み，ほぼ南北に至る地域である。主な遺跡はつぐめのはな遺跡，岩下洞穴，出津貝塚，深堀遺跡，脇岬遺跡，有喜貝塚，堂崎遺跡などが知られるが，ここでは2，3の遺跡について概観する。

つぐめのはな遺跡[1]　県北の平戸島と本土の田平町の間は幅 1km しかなく，平戸瀬戸とよばれる潮の急な海峡である。この瀬戸に面した田平町西岸に，つぐめのはなとよばれる岩礁があり，遺跡はこの海岸一帯に位置する。1982 年に調査され，縄文前期から中期の土器や石器とともに，クジラ・イルカなどの大型の海棲哺乳類骨が多く出土した。遺跡の周辺に平坦地はなく，傾斜地の海岸にへばりついたように位置し，汀線上の海浜にも遺物が見られる。

ここで特筆されることは，大形の石鏃や石銛・石鋸・石匙などが縄文前期轟式や中期阿高式土器とともに多量に出土して，あたかも，漁場と解体場が一体になった感すらするのである。まさにこの地域は，対馬海流によって鯨が回遊し，近年まで鯨獲りで活気にみなぎったところでもあった。狭い海峡を利用して，積極的に銛を使い，鯨を捕獲していた当時の様子が窺われるのである。

出津遺跡[2]　長崎県のほぼ中央部，南北方向に伸びた西彼杵半島南西部に外海町が位置するが，遺跡はこの町内中央よりやや南側の，角力難に望んだ海岸部に所在する。周辺は急傾斜の山地が海岸に迫り，海蝕岸が形成され，小さな入江が点在している。遺跡は標高6 m，長さ 200m，幅 50cm の砂丘上に営まれ，内側にラグーンを形成し，東には出津川が北東から南へ流れている。貝塚は遺跡内の中央から北側にかけて検出され，遺存状態は良好である。土器は縄文中・後・晩期，弥生前期のものが出土したが，主体となるのは縄文後期である。

自然遺物は魚類がサメ類・マダイ・マグロ類・イシダイ・カワハギなどで，ウミガメが少量とクジラ・イルカ類も多くはないが見られた。獣類はイノシシ・ニホンジカが主体で後者が少し多いようである。その他イヌ・ニホンザルも出土している。貝類はオオコシダカガンガラ・イソニナ・クボガイなど巻貝の岩礁性貝に偏り，二枚貝は極端

に少ない。漁撈活動に関する道具は石銛・石錘・礫器・刺突具としての骨角器があげられる。出津遺跡の場合，全体として魚骨の出土が少ないが，マグロ類や巻貝の出土量の多さに見られるように，外洋に望んだ遺跡の立地を端的に表わしている。

深堀遺跡[3]　長崎半島北岸のほぼ中央部にあたり，長崎市中心部から南西に約 9km を計る。現在は埋め立てられ，香焼島と人工的に繋がり都市化が著しく，地形景観も大きく変容している。遺跡はこれまで2回にわたる調査と，幾度かの試掘調査が行なわれている。その結果，遺跡は砂嘴が長く伸びて，旧海岸との間に潟を抱き，その地帯に深堀川の堆積による干潟を形成しつつある時期に，縄文前期から中期・晩期の遺跡が，そしてほぼ現在の地形の全体に弥生時代の遺跡が乗る内湾性の遺跡であることが確認された。時期的には，砂丘の発達によって若干の違いを見せており，深堀小学校地点では，轟式土器や曽畑式土器が多量に出土し，1964 年の調査では南福寺式や晩期の土器，それに弥生式土器や人骨などが多く出土している。しかし広範囲に調査されても，良好な自然遺物を包含する層は確認されておらず，わずかにブロック状に貝層が残っているだけで，実際の状況を知り得ないが，石器で見る限り後・晩期に属する礫器が多いことが目立ち，さらに石鋸も出土していることから，漁撈活動に重点がおかれた遺跡と見てよい。

3　五島における漁撈活動

九州本島の西方海上にはるかに浮ぶ五島列島は南北に長く伸び，北の宇久島から福江島の南端まで80kmを計る。平地に乏しく農耕には不適で漁業に生業が求められる土地柄である。山野には現在でもキュウシュウジカが全島的にかなりの頭数棲息している。「肥前国風土記」松浦郡値嘉島の条に「『この島は遠けども猶見るに近きが如し。近の島というべし』と宣り給いき。因りて値嘉島という。—中略—海には蛇・螺・鯛・鯖・雑の魚・海藻・海松・雑の海菜あり。彼の白水郎は馬・牛に富めり。或るは一百余の近の島あり。或るは八十余の近の島あり。（下略）」とあって，五島の古称である値賀の島の起こり，陸海の産物などが知られる。遺跡は多くが知られているが，埋葬址に関わる遺跡が多く，貝塚は福江島に集中し，縄文では江湖貝塚，白浜貝塚，宮下貝塚が，弥生では

40

寄神貝塚，三井楽貝塚が知られる。ここでは白浜，寄神貝塚について概観してみよう。

白浜貝塚[4]　福江市の南郊は鬼岳火山群が位置し，火山群より流出した溶岩流がゆるい傾斜地を形成して埋没した岩礁地形をなし，湾を形成している。貝塚はこの白浜浦と呼ばれる湾の奥部の砂丘上に営まれている。砂丘は小河川を挟んで2つに分かれ，時期的にも幅がある。1979年の調査では主に後期から晩期，弥生前期までの資料が多く得られている。後期の層は鐘崎式や北久根山式が主体で，市来式も若干出土した。貝層は認められなかったが，わずかな自然遺物は認められた。晩期終末から弥生前期の層は，砂質層で明確に分けることは困難だが，豊富な遺物の出土を見た。骨角器も多くシカ・イノシシ骨製の刺突具は際立つ。また魚類では，アオザメおよびメジロザメ科の歯や椎体が多く，ベラ・ブダイ類，ハタ類など岩礁魚が目立ち，大型の傾向が見られる。サメ歯の歯根部を両面から研磨加工した，牙鏃と考えられるものも多い。鯨骨製のアワビ起こしも弥生前期の層から出土している。貝類はアワビ・サザエなど大形のものを含め41種が認められ，岩礁性のものが多い。

白浜貝塚の弥生層からは大陸系の磨製石斧も出土しているが，農耕の始められた痕跡はなく，縄文の伝統が強く受けつがれている。

寄神貝塚[5]　福江市から西へ12kmのところに岐宿町が位置する。町の北端は広い熔岩台地が形成され，東西の周辺は複雑な海岸線を呈している。西に白石，川原に湾入する白石浦が，東は河務，唐舟浦に湾入する寄宿浦があり，鰐川や河務川が注ぎ込んでいる。このような地形は，福江島では玉の浦につぐ溺谷を形成している。貝塚をのせる熔岩台地は浸蝕崖をなし，干潮時には崖下に砂浜が大きく出来るが岩礁も露出する。寄浦湾では，貝塚に近い湾口で水深10m，湾内で2〜3mと浅く，大潮時にはその大半が干潟になる。そのため湾には砂泥性の貝やカキなどが多く，貝を採捕するには好条件を備えている。現在は人家の建て込んだ町内のあちこちで貝層が見られ，町全体が貝塚の町でもある。最近の調査では，この各所の貝塚も中世まで下るものもあることが指摘されている。層位はⅠ層からⅤ層に分かれ，灰黒色粘土層に貝殻が含まれるのを基本としているが，純貝層の部分も多く，現在見られる切通し断面でも

50cmを越えるところがある。貝類は73種が知られており，なかでもマガキなど岩礁性の貝が90％以上を占め，逆にハマグリなどの砂浜性の貝はきわめて稀で，報告者は他の地区からの搬入ではとしている。獣骨はシカ・イノシシが多く，これらの骨製の刺突具と結合釣針も出土している。石器は黒曜石製やサヌカイト製の石鏃が数十点出土しているほか，磨製石剣や石鏃も確認されている。広大な台地に集落も発見され，湧水地点も数個所に見られ農耕の問題も否定された訳ではないが，弥生前期〜中期初頭にかけて，これだけ大規模な貝塚が形成されていることは，狩猟・漁撈，とりわけ後者の活動が，好漁場に恵まれ活発に行なわれていたことを裏づけるものである。

4　西北九州型漁撈具

簡単に主要な遺跡を概観してきたが，地域による漁撈活動の変化よりも，遺跡の立地する環境に応じて漁撈形態も違いを見せるようである。ここで西北九州に特徴的な石器をあげてみよう。

（1）**石鋸**　この石器は古くから注目され，五島列島においてとくに多くの資料が得られている。一時期，農耕具としての可能性も示されたが，石鋸が鋸先状石器と供伴することや，海岸部の遺跡に集中して分布することから3種類に分類され，組合せ鋸の機能をもつ漁具として認識されている。出土地は，東は福岡県山鹿貝塚や天神貝塚から，長崎県下ではつぐめのはな遺跡や岩下洞穴，深堀遺跡があげられるが，五島富江町の女亀遺跡からは多くの石鋸が採集されている。時期は縄文中・後期を主体としているが，弥生中期初頭の里田原遺跡からも1点出土している。

（2）**礫器**　ほぼ拳大の円礫，角礫，扁平礫を素材として利用し端部に簡単な打撃を加え，尖頭部あるいは凹部を作り出し，両面に自然面を有する極めて単純なもので，その生産量から推察すると，消耗品的性格が強いものである。用途は主に貝の捕獲および調理に使用されたと考えられる。熊本県沖ノ原貝塚のものは鋭く尖り，アワビ起こしに用いられたといわれる。しかし島原半島堂崎遺跡や西彼杵半島に位置する串島遺跡では数百例を越しており，遺跡の立地が干潟を控え，海中に没する所にあることから，カキの採捕や調理に使われ，遺跡そのものは，生活の場でなくキャンプサイト的性格が強く出ている。この礫器は五島列

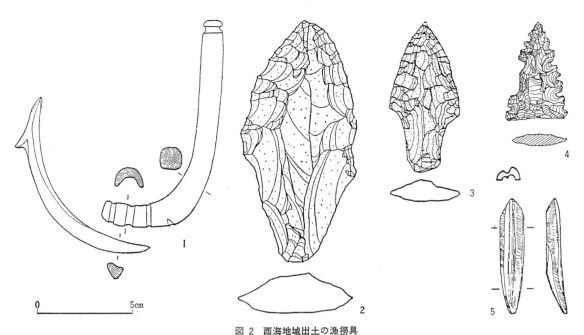

図2 西海地域出土の漁撈具
1：脇岬遺跡出土釣針 2・3：つぐめのはな遺跡出土石鋸 4：里田原遺跡出土石鋸 5：宮下貝塚出土離頭銛頭

島の縄文遺跡でも数こそ少ないがほとんど出土している。弥生時代では島原半島に所在する今福遺跡や口之津貝塚に多く見られるが、この時期の礫器には自然面が少なくなる傾向が見られる。

（3）石鋸 この石器も石鋸と同じような文化圏に出土する。福岡県山鹿貝塚や玄海町上八貝塚をはじめ、壱岐名切遺跡、田平町つぐめのはな遺跡ではまとまって出土、九州西海岸部でも20箇所をこえる遺跡からの出土が知られる。形態は大きく3つに分類され、基本的には「返し」をもつものが多く、ほとんどがサヌカイト製である。

（4）骨製釣針 長崎県内の宮下貝塚、岐宿貝塚、下本山岩陰、志多留貝塚などで出土している結合釣針で、西北九州型釣針と呼ばれるものである。鹿角や猪牙を素材とした、大形のもので、縄文中期から後期に主体があるが、五島では弥生の岐宿貝塚からも出土している。

（5）骨製離頭銛 東日本で出土する回転式離頭銛とは形態的にも区別される。鹿の中手・中足骨を利用したものがほとんどで、柄に装着した際そり返った部分との間に「返し」を持ち、西北九州型離頭銛頭と呼称されるものである。投射角は3°～19°ぐらいまでの幅をもつ。出土地は長崎県下の脇岬貝塚、江湖貝塚、白浜貝塚、有喜貝塚、対馬志多留貝塚などの縄文前期から晩期の遺跡があげられ、弥生では岐宿貝塚、壱岐カラカミ遺跡

が代表的であるが、カラカミ遺跡では鯨骨製のものがみられる。

5 まとめ

西海・五島列島をとりまく環境は、対馬暖流や複雑な海岸線に支えられ、一部干潟による内湾の漁業形態も認められるものの、先にのべた石鋸・礫器・石鋸・骨製釣針・骨製離頭銛頭などは、外湾外洋漁業的な性格が強く反映され、サメやマグロなどの大型魚類や、イルカ・クジラなどの海棲哺乳類が、その対象にされてきたことが知られる。また貝類や海藻類の採捕も重要な漁撈活動の一翼を担っていたのであり、各種の漁具の出土は、岩礁性を主体とした、漁撈形態にその特色が求められ、西北九州型漁撈文化あるいは、対馬暖流型漁撈文化と呼ばれている。

註
1) 正林 護「つぐめのはな遺跡の概要」長崎県考古学会会報，2，1974
2) 外海町教育委員会『出津遺跡』外海町文化財調査報告書第2集，1983
3) 賀川光夫ほか『深堀遺跡』長崎大学医学部人類学解剖学第2教室研究報告，1967
4) 福江市教育委員会『白浜貝塚』福江市文化財調査報告書第2集，1980
5) 長崎県教育委員会「寄神貝塚」五島遺跡調査報告書，長崎県文化財調査報告書第2集，1964

鹿児島県下の貝塚と獣骨─■

鹿児島大学講師　鹿児島大学助教授
河口貞徳・西中川 駿
（かわぐち・さだのり）（にしなかがわ・はやを）

鹿児島県下の貝塚は数が少なく，しかも3時期にかぎって出現している。そして狩猟獣の中心はイノシシとシカであった

1 貝塚の形成

　鹿児島県では，先史時代の遺跡のうち貝塚の占める割合は極めて小さく，かつその数も他県に比べて著しく少ない。しかも貝塚が形成されたのは3つの特定の時期に限られており，それぞれの貝塚が継続した期間も短い。このような状況から見ると，鹿児島県の先史時代にあっては，貝塚をつくらない事が通常の状態で，むしろ貝塚を形成する事の方が特異な現象であったと言えそうである。

　貝塚形成の第1期は，縄文前期の轟式の時期であり，第2期は縄文後期の市来式の時期で，第3期は古墳時代に該当する成川式の時期である。この3つの時期にかぎって貝塚が出現したのには，相応の原因があったものと思われる。原因解明の一助として若干述べよう。

　第1期の轟式の時期には，鬼界カルデラの大爆発があった。火口は佐多岬の南西方約40kmの海底にある巨大なカルデラで，約6,300年前に大爆発を起こし，噴煙は琉球列島中部・朝鮮半島・中部日本に達した。県下全域に分布するアカホヤと呼ばれる黄褐色土層が，鬼界カルデラ起源の火山灰堆積層である。火口に近い種子島・屋久島・薩摩大隅両半島中南部は，噴火後，瞬時にして火砕流に襲われたと見られる。火砕流は高熱（700℃）のガス状噴出物で，襲われた地域の生物は絶滅したとされている。

　鬼界カルデラの爆発時期が縄文時代のどの時点であったかについて，新東晃一は，縄文前期の塞ノ神式と轟式の間としているが，これは事実と異なるもので，誤りである。鬼界カルデラに近い志布志町の鎌石橋遺跡では，幸屋火砕流（鬼界カルデラ起源）の堆積層直下から，轟I式（轟式の最古型式）が多量に出土し，同層の上部からは轟III式（轟式中3番目に古い型式）が出土している。また鹿児島市北隣りの吉田町小山遺跡では，アカホヤ層（鬼界カルデラ起源・幸屋火砕流と同時期）の下の層から轟I式を，上の層から轟II式（轟式の中で2番目に古い型式）を出土している。轟式がアカホヤ層の堆積以前に存在したことは，九州北部の大分県の数遺跡でも確認されており（『大分県史』），間違いのない事実である。

　上述の遺跡が示す状況から見て，鬼界カルデラが噴出した時期は，轟I式と，轟II式との間であることがわかる。

　鹿児島県下で貝塚が初めて出現したのは，鬼界カルデラの爆発直後である（平栫貝塚は一塊の貝殻を出土したにとどまり，貝塚の実態がない）。幸屋火砕流に被覆された地域は勿論，生物は絶滅したが，その他のアカホヤ火山灰降下地域にあっても相当の被害が生じたであろう。それまで貝類を補食する必要のない環境にあり，そのような慣習のなかった人々は，自然環境の激変に順応する道として，貝の補食を始めたものであろう。南九州ではそれまで見られなかった貝塚が，薩摩半島から種子島へかけて発生している。噴火後最初の貝塚としては，出水市荘貝塚（轟II式），金峰町阿多貝塚（轟II式），中種子町苦浜貝塚（轟II式）があり，後続するものとして阿久根市波留貝塚（前期曽畑式）が見られるが，以後は再び貝塚の形成が途絶えている。

　第2期の市来式の時期には，貝塚発生の原因と見られる確実なものはないが，縄文後期に見られる気候の急変がある。日本列島の気候は，花粉分析の結果や，魚津の埋没林の樹種から見て，それまでの温暖で乾燥した気候から，4,000〜3,000年前に寒冷で湿潤な気候に急変し，異変は紀元前に終ったとされている。気候の異変は列島全域の現象ではあるが，貝類を食料とする必要のなかったような，恵まれた南九州の生態系は，他地域に比べて影響が大きく，混乱したのではなかろうか。これが再び貝塚が出現した原因と思われる。

　鹿児島県では第2期に発生した貝塚が最も多く，3500年B.P.の市来式がその主体となっている。主として西海岸に分布し，鹿児島湾沿岸，種子島

にも若干見られるが，西海岸に卓越するのは遠浅の海岸地形が発達しているためであろう。北より，出水貝塚（出水市），麦之浦貝塚（川内市），尾賀台貝塚(同)，市来貝塚（市来町）以上西海岸，草野貝塚(鹿児島市)，武貝塚(桜島町)以上鹿児島湾岸，大泊貝塚(佐多町)大隅半島南端，大花里貝塚(西之表市)種子島などの貝塚がある。このうち出水貝塚からは縄文早期・中期の土器も出土するが，貝塚を形成するのは後期であり，市来・草野・武などの貝塚では下層から指宿式（縄文後期初頭）が出土するが，貝塚を作るのは市来式の時期からである。

　第3期の古墳時代に該当する時期の貝塚は，第1期・第2期と異なり，すでに農耕時代に属し，貝塚を形成する要因が消滅している。したがって，貝塚を形成することが特殊な現象と見られる。この時期の貝塚としては，手打貝塚（下甑村），橋牟礼遺跡(指宿市)，山根貝塚(山川町)，柊原貝塚（垂水市)，上能野貝塚(西之表市)，屋久津貝塚(中種子町)などがあるが，これらの遺跡地に共通する環境条件は，水稲耕作適地に恵まれない点である。これが貝塚形成の一因であろう。

　高橋貝塚（金峰町）は唯一の弥生期の貝塚である。縄文晩期・弥生前期の土器が共伴出土する前期初頭の遺跡であり，前面に若干の水稲耕作適地もあるが，農耕生産のみに頼れなかったものであろう。

　南西諸島では，以上の諸地域とは異なり，各島それぞれの占有面積が狭隘で，到底陸産物のみに食料を依存することは不可能であったと思われる。各期にわたって貝塚が形成されていることがそれを証明しているようである。

　なお，縄文・弥生の文化圏は薩南諸島を南限とし，トカラ列島を堺として，南西諸島には南島先史文化圏が形成されている。　　　　　　（河口）

2　貝塚出土の自然遺物

　自然遺物の出土した鹿児島の縄文，弥生および古墳時代の貝塚は，表1に示すように，鹿児島県本土（以下県本土と記す）15，薩南諸島5，南西諸島14の計34ヵ所があり，これらのうち，動物種の判名している貝塚は，21ヵ所である（表1）。

　出土した自然遺物は，哺乳類，鳥類，爬虫類，両生類，魚類，甲殻類および貝類である。哺乳類については，別項で詳述するが，鳥類は県本土で2ヵ所，南西諸島3ヵ所からキジ・ガン・カモ・

カラス・キジバト・ミズナギドリなどが出土している。爬虫類はウミガメで，薩南および南西諸島の貝塚に多く，両生類はカエルで，面縄第一貝塚でみられる。魚類は18貝塚から，ブダイ・クロダイ・フエフキダイ・ブリ・ハリセンボン・ウツボ・ハタおよびサメなどが出土しており，とくに徳之島の犬田布貝塚では出土量が多い。甲殻類はノコギリガザミなど大型のカニで，南西諸島の5貝塚から出土している。貝類はどの貝塚でも非常に豊富で，ハマグリ・ナガガキ・オキシジミ・アガキガイなど数多くの種類が出土している。

表1　鹿児島県本土ならびに薩南，南西諸島の貝塚遺跡別
　　　出土自然遺物

				哺乳類		鳥類	爬虫類	両生類	魚類	甲殻類	貝類
				陸棲	海棲						
鹿児島本土	縄文	阿出麦市平尾草	多水荘之浦市来栫台遠野山光武	○							○
				○							○
				○		○					○
				○	○	○			○		○
				○	○						○
				？					○		○
				？							○
				○	○				○		○
	弥生	高	橋	○		○	○		○		○
	古墳	小山手	陣根打	○							○
				○			○		○		○
薩南諸島	縄文	苦大花一	浜里崎鼻陣長	○	○				○		○
				○	○						○
	古墳	屋上	久能津野	○		○			○		○
南西諸島	縄文(該当)	浜宇伊湾喜面神住犬	坂宿久天念縄第一二三四野吉田布	○					○	○	○
				○							○
				○					○		○
				○							○
				○		○		○	○		○
				○					○		○
				○							○
				○							○
				○					○		○
	弥生	あやまる第二本	川*	○			○		○		○
				○							○

*本川は弥生該当期

表 2 鹿児島県本土ならびに薩南，南西諸島の貝塚遺跡別出土哺乳動物種

地域	時代	遺跡	イノシシ	シカ	カモシカ	ウシ	ウマ	イヌ	タヌキ	ネコ	アナグマ	テン	ノウサギ	アマミノクロウサギ	ムササビ	ネズミ	コウモリ	サル	クジラ	イルカ	ジュゴン
鹿児島本土	縄文	阿多	○	○																	
		出水	○	○	○		○	○	○		○		○								
		麦之浦	○	○					○		○										
		多水浦	○	○							○							○			
		荒田	○	○																	
		市来	○	○	○										○			○			
		草野	○	○					○									○		○	
	弥生	高橋	○	○		○	○	○	○		○	○	○					○			
	古墳	手打	○	○																	
薩南諸島	縄文	大一陣	○	○															○		
		長崎鼻	○	○														○	○		
	古墳	上能野					○			○								○	○		
南西諸島	縄文（該当）	浜田	○					○	○												
		宇宿	○			○	○												○		
		面縄第一	○			○													○		
		面縄第二	○					○						○?		○			○		
		面縄第三	○											○?					○		
		面縄第四	○																○		
		神野	○													○	○		○		
		住吉	○													○					
		犬田布	○					○	○					○							
	弥生	あやまる第二	○																		○
動物別出土遺跡数			21	11	2	3	4	5	5	1	4	1	2	3?	1	3	1	5	9	1	1

?はウサギとして報告されている。

3 出土哺乳動物種と動物相

出土した哺乳動物種と遺跡名は表2に示した。同定された動物種は，イノシシ・シカ・カモシカ・ウシ・ウマ・イヌ・タヌキ・アナグマ・テン・ネコ・ノウサギ・アマミノクロウサギ・ムササビ・ネズミ・コウモリ・サル・クジラ・イルカおよびジュゴンの9目19種である。

イノシシは，21遺跡中全部にみられ，出土量も豊富であることから，当時は全県下に生息していたことがうかがわれる。しかし，南西諸島出土のイノシシの骨は，薩南諸島以北のイノシシ（図1・3・5）に比べ小型で，形状も現生のリュウキュウイノシシに類似している（図2・4・6）。とくに下顎体腹縁の凹（血管切痕）は浅く，ほぼ直線的であることが特徴である。シカは，県本土および薩南諸島の貝塚にはみられるが，南西諸島の貝塚にみられない。最近，徳之島の犬田布貝塚から，シカの角の加工品2点が出土し，南西諸島にもシカありの感があったが，同島の犬田布岬でシカの仁石を発見した大塚は，化石種と異なる種であると述べ，また，筆者らの調査でも，他にシカの骨の出土のないことから，どこからか移入されたものであるという結論に達している。一方，県本土から出土したシカの骨は，大型であるが（図7・9・11・13），薩南諸島のものは小型で，現生のマゲシカと同じ大きさのものである（図8・10・12・14）。縄文，弥生の頃から，すでにマゲシカと同じ型のシカがこの地に生息していたことは興味深いことである。

カモシカは，出水，市来貝塚でみられ，県下では黒川洞穴を合わせて3カ所からの出土である。ウシは，高橋，宇宿，面縄第一貝塚でみられるが（図15・16），層序的にみて当時のものであるかは疑問が残る。しかし，骨は成獣のものであり，小型で，現生のロ之島牛とよく類似することから，改良以前のウシであることは確かである。ウマは，出水貝塚から林田らにより報告され，その他上能野，高橋，宇宿貝塚からも出土しているが，これらもウシと同様に当時のものかは疑問が残る（図17）。しかし，骨は小さく，現生のトカラ馬と同じ大きさである。家畜であるウシ・ウマが当時どのような形で飼養されていたかは，これらに伴う遺物がないためにわからない。

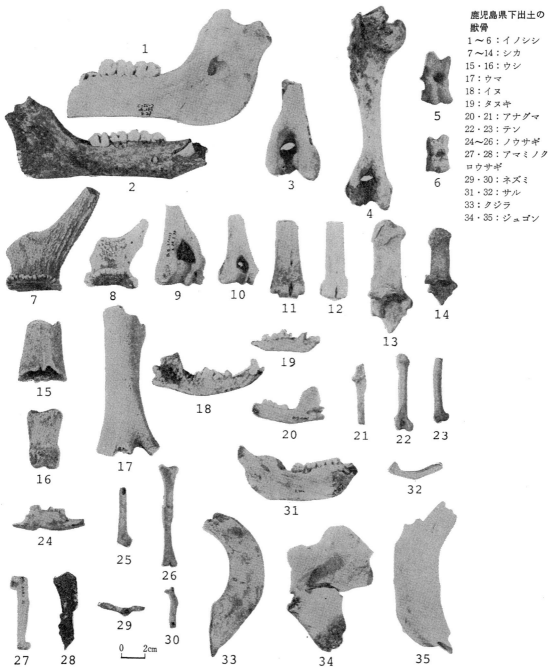

鹿児島県下出土の獣骨
1〜6：イノシシ
7〜14：シカ
15・16：ウシ
17：ウマ
18：イヌ
19：タヌキ
20・21：アナグマ
22・23：テン
24〜26：ノウサギ
27・28：アマミノクロウサギ
29・30：ネズミ
31・32：サル
33：クジラ
34・35：ジュゴン

　イヌは，当時狩猟ならびに番犬として飼われていたといわれ，出水，市来，高橋，面縄，犬田布貝塚から出土している。犬田布からは7個体以上の出土で，いずれも小型犬であり，県本土の高橋貝塚出土のものと同じように，現生の柴犬と同じ大きさである（図18）。また，いずれの貝塚においても，1頭分が埋葬された様子はみられない。ネコの出土もあるが，当時のものとは思われない。タヌキ・アナグマ・テンは，県本土の貝塚のみでみられ，薩南および南西諸島では出土していない（図19〜23）。

　ノウサギは，出水，高橋貝塚でみられ，高橋からは，少なくとも5体以上の出土である（図24〜26）。アマミノクロウサギは，わが国で初めて犬田布貝塚で確認され，上腕骨や寛骨など7個の骨が出土している（図27・28）。現生のものと比較すると幾分小さい。ムササビは，洞穴遺跡からは多く出土するが，貝塚では市来のみからである。

ネズミは面縄，神野，犬田布貝塚など，南西諸島の貝塚のみからであり，それらの骨は，現生のケナガネズミ大の大きさである。コウモリは，神野貝塚のみからの出土である。サルの出土は，県本土および薩南諸島の5貝塚にみられ，その大きさは，現生のニホンザルと同じ大きさである。

クジラは県下にわたり9貝塚にみられるが（図33），イルカは草野貝塚のみである。ジュゴンは鹿児島では初めての出土で，南西諸島のあやまる第二貝塚にみられ，これはジュゴンの生息北限と一致している（図34・35）。

以上，鹿児島の縄文，弥生，古墳時代の貝塚出土の哺乳動物について述べたが，当時イノシシは全県下に生息し，シカ・タヌキ・アナグマ・テン・ノウサギ・ムササビおよびサルは，南西諸島には生息していなかったことが推測される。このことは，動物地理学的にも非常に興味あることであり，渡瀬線を境にして，南北の動物相の違いが，すでに縄文，弥生時代からあったことが考えられる。

4 貝塚にみられる狩猟獣と狩猟活動

鹿児島の貝塚にみられる狩猟獣は，イノシシ・シカが中心であり，ついでサル・クジラ・タヌキ・アナグマなどである。中でもイノシシがもっとも多く，高橋貝塚では，骨片数で全体の60%を占め，約50体のものが食べられている。また，長骨や頭蓋は割断され，骨髄や脳を食べていたこともうかがわれる。シカは，イノシシにつぐ狩猟獣で，とくに薩南諸島の上能野貝塚では1,620骨片の出土があり，イノシシよりも多い。シカは狩猟後，食肉としてはもちろんのことであるが，角や骨は骨角製品として利用されている。また，頭蓋や長骨にイノシシ同様に割断されている。サルの出土も多く，頭蓋は割断されており，サルも当時の人々が食用としていたことがうかがわれる。タヌキ・アナグマ・ノウサギなども食料として利用されているが，一方では毛皮を利用していた可能性も考えられる。クジラ・イルカ・ジュゴンなどの海獣は，海岸に近い貝塚でよくみられる。これらは浜辺に打ち上げられたものを捕獲して食用にしたのであろう。沖永良部島の神野貝塚では，ネズミの出土が多いが，この島ではイノシシ以外の哺乳動物は生息していなかったために，動物性蛋白源として，ネズミも狩猟の対象にされたのであろう。

県本土の貝塚では，一般に山の幸である哺乳動物が，薩南，南西諸島では海の幸である魚，貝類が多くみられる。このことは当時の人々がその生活環境に合った狩猟，漁撈，採集を行なっていたことがうかがわれ，貝塚に残された遺物が，当時の人々の生活様式を知る上に貴重な資料を遺していることをわれわれはみのがしてはならないだろう。

（西中川）

5 ま と め

1. 鹿児島県下の貝塚は数少なく，また貝塚の形成は3つの特定の時期に限られている。それは縄文前期の轟式，縄文後期の市来式，それに古墳時代に該当する成川式の各時期である。

2. 自然遺物の出土した貝塚は，34ヵ所あり，このうち動物種の判明しているものは，21ヵ所である。出土した哺乳動物は，イノシシ・シカ・カモシカ・ウシ・ウマ・イヌ・タヌキ・ネコ・アナグマ・テン・ノウサギ・アマミノクロウサギ・ムササビ・ネズミ・コウモリ・サル・クジラ・イルカおよびジュゴンの9目19種である。

3. 鹿児島の狩猟獣の中心は，イノシシ・シカであり，県本土ではイノシシが，薩南諸島ではシカが多く，また，南西諸島ではイノシシが多い。タヌキ・アナグマなどは県本土のみの出土で，サルは薩南諸島以北の貝塚のみにみられる。珍しい出土物として，アマミノクロウサギやジュゴンがあげられる。

（河口・西中川）

参考文献

1) 長谷部言人「出水貝塚貝殻，獣骨及び人骨」京大文学部考古学研究室報告，6，1921
2) 林田重幸「日本在来馬の系統に関する研究」中央競馬会，1978
3) 鹿児島県教育委員会編『鹿児島市町村遺跡地名表』1977
4) 笠利町教育委員会編『宇宿貝塚』1979
5) 河口貞徳『河口貞徳古稀記念著作集』1981
6) 松元光春ほか「古代遺跡出土の動物骨に関する研究 Ⅲ，鹿児島県上能野貝塚出土骨の概要」鹿児島考古，16，1982
7) 西中川駿ほか「古代遺跡出土の動物骨に関する研究 Ⅳ，鹿児島県黒川洞穴出土骨の概要」鹿大農学術報告，33，1983
8) 西中川駿ほか「古代遺跡出土の動物骨に関する研究 Ⅴ，鹿児島県高橋貝塚出土骨の概要」鹿大農学術報告，34，1984
9) 西中川駿「犬田布貝塚出土の動物骨」『犬田布貝塚』伊仙町教育委員会，1984
10) 大塚裕之「地史学的にみた琉球列島の動物相」鹿大考古，2，1984

石器時代人と狩猟鳥獣

麻布大学教授
■ 宇田川龍男
（うだがわ・たつお）

縄文貝塚出土の獣骨はシカとイノシシが圧倒的に多く，日本列島の温暖化にともなって生息数もふえていったと思われる

　昨秋のこと，中国の遼寧省営口県にある金牛山遺跡で，いまから約20万年まえと推定される原人の全身骨格が発掘された。これと前後して，わが宮城県大和町の中峰遺跡からは，前期旧石器時代にあたる14〜37万年まえの地層から石器が出土し，日本の旧石器時代の研究もさらに深まるものと考えられる。

　長い生物の歴史からみると，人類のここ300万年ぐらいの存在は，きのう今日の出現であるとしか考えられない。ましてや，3万年まえから1万年まえを中心に研究してきたわが国の旧石器時代考古学が，前記の出土により一挙に10万年台までにおよぶのは喜ばしいことである。

　ただ，これを生物地理学なり，動物地理学の立場から，また地質学の知識をかりて考えてみると，日本列島から北京原人の古さをもつ化石人が発見されても不思議はないはずである。

　かつて私は千葉県で発掘されたナウマンゾウの胸骨に鋭い傷跡がある写真を尾崎　博博士に見せてもらったことがある。あきらかに槍（やり）で強く突いたものであるのがわかるほどで，同博士の説明を待つまでもないものであった。おそらく獲物を追って北上してきた旧石器時代人が，ここで射止めたものと考えられる。

　ナウマンゾウの日本列島における生存は，縄文時代のすぐ前の2〜1万年まえとされているから，草創期の縄文人が残存するナウマンゾウに接触したかもしれない。

　このように各方面の智識を総合して考えると，縄文人が狩猟の対象とした鳥獣の実態も推測できると思われる。このような観点から次に述べることとする。

　縄文人の残した貝塚から出土する獣骨では，シカとイノシシのものが圧倒的に多い。このことは言うまでもなく，生息数が多かったからと考えられる。シカは落葉広葉樹林に好んで生息する動物であるから，針葉樹林におおわれていたころの日本列島は，温暖化にともなって彼らの生息に好適な落葉広葉樹林がひろがり，生息地は拡張され，これにともなって生息数も適正密度まで増加したものと考えられる。

　日本列島が針葉樹林におおわれていた1万年ぐらいまえには，落葉広葉樹林はわずかに九州の南部に橋頭堡（ほ）をきずき，ここにいまのニホンシカが生息し，日本列島にはオオツノシカや，それより古いシフゾウの世界であったに違いない。

　やがて温暖化がはじまり，落葉広葉樹林は海岸ぞいに北上し，これにともなってシカも生息地をひろげた。その時代は1万年まえにはじまったと推定されている。これは縄文時代のはじまりと一致している。

　落葉広葉樹林は，照葉樹林が進入してくる6,000年まえまで拡大をつづけ，平面的には北上し，垂直分布としては内陸にすすみ，上限は現在の分布に近いものとなったであろう。森林の成立は気温と雨量が要因として大きく働くからである。おそらく縄文時代の中期には，八ヶ岳の山ろくはシカなどの野生獣が多く生息し，よい猟場であったに違いない。いまでもこの地帯にはシカが多く生息し，森林に被害をあたえている。また，岩手県の五葉山でも同じである。ただ狩猟圧の関係から，いま彼らは落葉広葉樹林の限界から針葉樹林の下限に逃避している。この状態は日光の男

シフゾウ（ミュンヘン動物園）

①：針葉樹林帯
②：落葉広葉樹林帯
③：照葉樹林帯
（縄文前期までは③は②であった）

現在の日本列島森林分布図

体山を中心とした地域でもみられる。

さて，当時のシカの生息密度はどのくらいであったであろうか。むずかしい推測である。おそらく，天然そのままの落葉広葉樹林にすむシカの生息数も，これに見あったものであったし，狩猟圧もそう強くなかったであろうから，かなりの生息数であったのは推測にかたくない。

シカは雪に弱い動物で，積雪が 60 cm になると行動ができなくなる。富士山では明治38年(1905)に大雪が降り，このためシカは脚の皮がむけ，血だらけになって平地にでてきたのを撲殺して捕えた，と地元の古老から聞いたことがある。この結果，フジカアシカといわれる地理的変異種は絶滅してしまった。しかし，いまは愛鷹山や丹沢山塊から進入したと思われるものが生息している。

積雪の恐ろしさを知っているシカは，秋になると積雪の少ない，または積雪のない地域に移動する。これは丹沢山塊，男体山でも積雪の時期には行動の自由が確保できる地域，すなわち低山帯に移りすむ。なお，アメリカでは，積雪のため行動できなくなって，雪中に立ち往生している個体に，ヘリコプターから乾草を落下して救援している。日本では昨冬のように男体山で餓死の個体が発見されたりして，保護のあり方には雲泥の差がある。これは彼ら肉食民族が食糧源である野生獣を保護して，その減少を防ぐ考え方によるのであろうし，それが彼らの古くからの伝統になっているものと思われる。

日本でも，出土するシカの骨は雄のものが多く，雌のものが少ないのは，縄文人が動物たん白質を確保するために雌の捕殺をさけたからという話を，江坂輝彌氏から聞いたことがある。これから考えれば，当時は洋の東西を問わず野生獣を保護して，食糧源の確保にあたったのがわかる。

北海道においても明治時代の初期までエゾシカは雪に追われて北部のものは群れをなして，道南地区，とくに雪の少ない日高地方に南下した。いまの室蘭街道はシカによって踏みかためられたシカ道であったそうで，そのころはコンクリート道路のように固く踏みかためられていたそうであるから，いかに多くのシカが北海道にいたかがわかる。

北海道では，徳川幕府の崩壊とともにシカの禁猟は解かれ，明治2年(1869)には毛皮と薬用の角をとるために乱獲がはじまり，同8年には76,000頭に達した。同11年に政府は，いまの千歳空港に近い美々村に官営の鹿缶詰所を設けた。しかし，これはほどなく廃止され，同21年にはシカの捕獲を禁止しているから，狩猟による減少がいちじるしかったのであろう。明治初年からこの年までは，日本の野生鳥獣にとって最大の受難時代であった。なお，この缶詰はいまも札幌の植物園にある博物館に陳列されている。

エゾシカは北海道の先住民族にとっては，最良の獲物であったに違いない。釧路から根室に向う途中に厚岸町があり，ここの湾港の東側に 100 m ぐらいの絶壁がある。ここはシカの猟場であったという。すなわち，シカをこの台地に追いこんで，絶壁から海中に追いおとし，これを海中で撲殺したという話を猟の行政官から聞いたことがある。おそらく，縄文時代からの猟法であると考えられる。

北海道でも本州その他の地域でも，明治初年からの乱獲，とくに明治12年に村田銃が完成するとともに，鳥獣の減少はいちじるしくなり，狩猟圧の少なかった時代の生息数は知ることができない。また，彼らの生息環境である落葉広葉樹林は，明治の中葉にはじまるスギやヒノキ，北海道におけるカラマツの大人工植林によって変容してしまい，縄文時代の天然の生息数を推定するのはむずかしい。いま北海道で，もっとも生息に適していると思われる調査では 1 ha あたり0.2頭と推定されている。また，丹沢山塊でもほぼ同じ生息数である。これらは現在の植生に見あうもので，縄文時代にくらべれば，あまりに少ない生息数と

49

考えられる。

シカにくらべると，イノシシの出土は全国的に普遍である。このことは，縄文時代にかなり多く生息していたからと考えられる。イノシシはシカと同じく落葉広葉樹林，それもシカより低い地域に生息する動物である。

捕える方法としては，弓矢や落し穴，追いこみによる撲殺であったに違いない。かつて，富士山の山梨県側にある青木が原で，この種の跡地を案内されたことがある。ここは溶岩流による狭い凹地になっていて，その中央はブタの輸送に使う箱ぐらいの深い溝になっている。ここに追いこんで撲殺したという。こうした方法は明治時代まで行なわれたという古老の言であった。富士山の噴火が1万年まえとすれば，縄文人たちは広い青木が原の溶岩流のうえにひろがる原野で，イノシシをここに追いこんで撲殺したと推測される。いまはこの場所も深い天然林におおわれ，昼なお暗い状態になり，写真もとれなかったし，その古老もいまはいないので，現場のわからないのは残念なことである。

この地帯は，源頼朝が有名な富士の巻狩りを行なったところで，いまでも弓射塚とよぶ富士山の低い寄生火山があり，ここからは鏃が掘りだされる。この巻狩りは建久4年 (1193) この地域からいまの静岡県の富士宮市にわたる富士山の西側の外輪山とのあいだに広がる原野で行なわれ，多くのイノシシを捕えた記録が残っている。とくに仁田四郎がイノシシの背にのり，これを短刀で刺し殺した話はあまりに有名である。いまでもここはイノシシのよい猟場になっている。しかし，狩猟圧のため生息地は外輪山の山地になり，現在は開拓地になっているし，この地域には，畑の作物の収穫期に出現する程度になっている。

イノシシは植物質を主食とするから，落葉広葉樹林はもっとも適した生息環境で，ヨーロッパからアジアにかけての林帯に広く分布している。たとえば，ポーランドあたりでは，平野が生息地であり，かつ低湿な林である。これは彼らの習性から全身に泥水をぬり，外部寄生虫を防ぐ習性，すなわち「ぬたうち」のため，湿地の落葉広葉樹林を好むのがわかる。

イノシシも雪に弱い動物で，日本では積雪地帯，それも50cmをこす地帯には生息ができないので，日本海側の雪の深い地帯には生息していない。現在のイノシシの北限は，茨城県と福島県の中間の水郡線沿線で，ときおり雪の少ない冬に宮城県下まで来た記録がある。

北海道の南部や伊豆諸島の遺跡からイノシシの骨が出土したのは移入であるとされているが，内地のイノシシとは大きさにおいて異なるところがあるようであり，動物遺体の調査をさらに進める必要があろう。

カモシカは高山の霊獣とされているが，本来は落葉広葉樹林帯の動物なのである。それが針葉樹林帯，それもその上部から岩石帯を生息の場としているのは，狩猟圧によるものである。近年になり自然保護の普及とともに，密猟がきびしくなり，かれらの安全が確保されるとともに，本来の生息地である落葉広葉樹林帯にもどりつつあるのである。しかし，この地帯はすでにスギ，ヒノキの人工林に変っており，食草の不足から，これらの植林木を食害するのである。

さて，狩猟獣類の地域性については，関東地方だけでも明らかに認められる。すなわち，秩父地方や関東北部からはカモシカやクマ，平野部では海進や海退のあった縄文時代の全期をとおして，シカやイノシシをはじめとし，平野にすむ中型獣類であるタヌキ，キツネ，ノウサギなどの骨が出土している。

ノウサギ，キジなどは明治41年 (1908)，いまの東京都多摩市一帯での5日間の猟で493頭，240羽（現在では全国で80〜100万頭，40〜60万羽）という記録がある。しかし，遺跡からの出土が必ずしも多くないのは，狩猟の主体ではなかったからであろう。

ニワトリの渡来が埴輪のつくられる古墳時代からであろうと江坂輝彌氏から聞いたことがあるが，それ以前にアカエリヤケイを縄文人が運んできたことはなかったろうか。神話にも出てくる「小国」，推定される最古の日本鶏コジドリのこともやがて考古学の進歩とともに解明されて来よう。

稿を終えるに当り，化石や古代人の生活に目を開いて下さった直良信夫先生，有益なお話をうかがっているかつての戦友江坂輝彌氏，地質について同僚の大森昌衛博士，森林について農林水産省林業試験場時代の先輩林弥栄博士に負うところが多い。

儀礼と動物
―縄文時代の狩猟儀礼―

奈良国立文化財研究所
■ 土 肥 孝
（どい・たかし）

> 縄文社会において儀礼を概念化することはきわめてむずかしいが，基本的には「いけにえ」は存在しなかったとみてよい

1 儀礼概念化の困難性

　先史社会において，「儀礼」あるいは「祭祀」について述べることは，最も証明し難い事象に属するといえよう。考古学とは，実証性・客観性を備えて得られた遺物・遺構から，社会・文化を復原していく方法であり，考古学的方法で精神生活を解明するには，多くの限界性があることをまず承知しておかなければならない。これらの限界性を解決する方法として，中世あるいは近世の民俗モデルを援用して類推するという手段がしばしば講じられる。しかし，民俗例を無批判に援用することは，時代的背景の考慮に欠ける場合が多い。民俗・民族モデルを援用する場合，発掘所見を充分に吟味した上での手続きをとり，時代的背景の考慮を重ねた上で対比する慎重さが必要と思われる。

　「儀礼」については，1つの発掘所見が必ずしも1つの儀礼のみで理解されるものではない。例えば，新潟県佐渡郡金井町堂の貝塚[1]では，壮年～熟年期の男性人骨（第6号）の墓壙内，頭部左上に13本の石鏃が検出されている。本遺跡の墓壙外で出土した石鏃と比べると，形態・石質・色調がそろっており，副葬品として選ばれた石鏃と考えられている。また，熟年期の男性人骨（第5号）の墓壙内では，頭部直上の覆土中から，他の調査地域で出土した石槍とは，形態・剝離の異なる整った石槍が出土しており，やはり，石鏃と同様，副葬品の可能性が考えられている。縄文時代中期では，死者に対する副葬品と認識しうる遺物の出土例は極めて少ない。堂の貝塚第5号・第6号人骨の石槍・石鏃副葬例を，葬送儀礼と考えることは，大方の納得しうるところと考えられる。さらに，第5号・第6号人骨は，壮～熟年期の男性であり，第5号人骨は石槍，第6号人骨は石鏃というように，副葬される石器が，狩猟具の1器種に限定されるのは興味深い。この点からは，第5号

図1 石鏃を副葬した人骨（縄文時代中期，新潟県堂の貝塚）

人骨は石槍，第6号人骨は石鏃の使用に長じた縄文人であったことをうかがうことができる。石槍・石鏃を，ことさら入念に製作して，副葬品として埋納することは，狩猟儀礼の一端をうかがわせているといえよう。つまり，堂の貝塚の石槍・石鏃の副葬は，単なる葬送儀礼のみで解決しうるものではなく，堂の貝塚を形成した人々の，狩猟に対する心性，社会組織までも垣間みることができるように思える。堂の貝塚の副葬品のあり方をみると，特別精巧な石槍・石鏃を作る行為そのものが，狩猟社会においては，すでに狩猟儀礼の一翼を担っていたと臆測することも可能である。しかし，1例をもって，同時代の遺跡を普遍化することはできないし，他の同時期の遺跡でみつからないことが，却って重要と筆者は考える。

　このように，「儀礼」を概念化することは，縄文時代社会においては，極めて難しい。この点で，「儀礼と動物」というタイトルを付けたが，それは土器を含む土製品，そして動物遺存体を主とした遺物からであることを，まずお断わりしておきたい。そして，テーマの性質上，臆測を述べる部分が多々あることを御容赦願いたい。

2 縄文早・前期の豊猟願望

　縄文時代の動物に対する儀礼は，狩猟対象物に対しては，願望・代償行為的な儀礼が特徴として

図2 栗形土製品（縄文時代早期，埼玉県明花向遺跡）S=1/2

指摘できる。儀礼のために，動物を攻撃的に破壊させるような，「いけにえ」はほとんどみられない。これは，縄文人が狩猟採集民の本質的な属性を備えていた証左といえるだろう。

縄文時代草創・早・前期では，人間と動物（採集食料）の関連を示すような遺物は極めて少ない。早期末葉の関東地方，大宮台地では，貝（二枚貝）や栗をほぼ等大に模して焼成した土製品がみられる。大宮市篠山遺跡[2]では貝を模した土製品が出土し，同時期の小貝塚が3ヵ所みつかっている。貝は極めて成育の悪いもので，土製品はその貝よりも大き目に作られている。浦和市明花向遺跡[3]は同様にして作られた栗の土製品が出土している。篠山と明花向は直線距離で5kmであり，ほぼ同一領域内の遺跡と考えることができる。食料を模して作られた土製品〔先土器時代に不確かな土製品例はあるが〕としては最古例であり，大宮台地周辺の該期遺跡からの出土例も知られていない。これらの点から，貝・栗と製作対象となった食料の差はあるが，同様な製作動機で造型された土製品ということができよう。製作動機を考える場合，篠山遺跡の成育の悪い貝で構成される3つの小貝塚の存在は重要である。貝類採取の条件の悪い遺跡で，このような土製品が出土することは，製作動機に豊猟願望が働いていたと推測される。しかし，これらの土製品は，小地域を越えて普遍化しなかった。それは，領域内のある集団にのみ，重大な関心事だったからに他ならない。この点では，早期の「儀礼」は小地域集団の枠を出ない程度のウェートだったのかもしれない。

縄文時代前期の「儀礼」のあり方も，基本的には前段階と同じような様相を示している。動物遺存体からみれば，イルカの頭蓋骨を円形に配置する遺跡（前期初頭・北海道釧路市東釧路貝塚[4]），土壙内よりイノシシの頭蓋骨が出土する遺跡（前期後半・埼玉県大宮市深作東部遺跡群[5]），焼けた骨が多く出土する遺跡（前期後半・神奈川県三浦市諸磯遺跡[6]）など，地域ごとの特徴を示す例が散見される。東釧路貝塚例は，イルカの吻端を中心に向ける配置と，外に向ける配置の2通りが存在している。

西本豊弘は，内側に向くのはイルカの寄り集まりを示し，外側へ向けるのはイルカの霊魂の海への回帰を示すと解釈するが，おそらく，2群1対で豊猟儀礼（願望）を示すものであろう。

遺跡の土壙内からのイノシシ頭蓋骨出土は，「いけにえ」と考える向きもあるが，筆者は懐疑的である。「いけにえ」と考えられる動物出土例としては，大阪府嶋上郡衙（5世紀），千葉県船橋市印内台遺跡（11世紀）があげられる。これらの場合，明らかにウマの首を切り取ったり，頭蓋骨を打ち割って死に至らしめる行為が認められる。縄文時代の狩猟獣に，その行為が明らかにみられる例は皆無である。イノシシの場合，脳髄は摘出されるのが一般的であるため，成獣はそのほとんどが頭蓋骨を破壊されている。したがって，縄文時代では，骨の観察から「いけにえ」の存在を論じることは不可能といってよい。また，幼獣1体分の出土を，「いけにえ」が存在した根拠とする場合もある。しかし，幼獣1体分出土例は大半が生後6ヵ月以内である。イノシシの幼獣が捕えられる場合は2通りある。1つは母イノシシから離れた生後1ヵ月半以内の，いわゆる「ウリンボ」を捕える場合，1つは狩猟シーズン中で母イノシシ捕殺時に捕える場合である。わが国における幼獣1体分出土例がこの成長段階のものであることは注目されねばならない。前者の代表例は宮城県気仙沼市田柄貝塚例[7]であり，後者の代表例は山梨県大泉村金生遺跡例[8]である。前者の場合は，親に似ず可愛らしい容姿をしているため，縄文人も育てようとしただろう。後者の場合，親のいなくなった子に対する憐憫の情もあったと思われる。金生遺跡出土の114体の幼獣は，すべて狩猟

図3 イノシシ幼獣の骨（縄文時代後期，宮城県田柄貝塚）

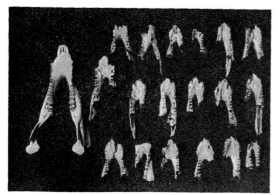

図4 イノシシ幼獣の下顎骨（縄文時代晩期，山梨県金生遺跡）
（左は現生イノシシ同年齢標本）

シーズン中に死亡しており，この点からは，イノシシを成長させて，しかる後に食料にしようとした意志にみられない。すなわち，一定期間の「飼養」も「飼育」も「家畜化」もみられない。また，下顎骨がすべて火を受けているのは，火を介在する霊魂の回帰，つまり「送り」の儀礼の存在をうかがわせている。これらの点より，縄文時代には，イノシシの「いけにえ」儀礼があったとは考えられないのである。

諸磯遺跡は，焼けた骨が多く出土する遺跡として注目される。貝塚貝層中は骨の宝庫といえるが，貝塚を調査しても骨端部に火を受けた痕跡のあるものはごく少数である。これは，縄文人の食生活相を反映しているといえよう。動物を捕えて解体しても，骨付きのまま直接に火にかけたりはしていなかった。肉はそぎ落して焼いたか，あるいは骨付きのまま煮沸具である土器の中に入れられたものと考えられる。土器の口縁内部に煤が付着するのは，その調理法を良く示している。その点では，骨が直接火を受けていることは極めて興味深い現象といえる。すでに関東地方においては早期末葉に「豊猟願望」，北海道においては前期初頭に「豊猟願望」・「送り」の儀礼のある可能性について触れたが，前期後半の段階においては，一緒に焼けている貝・魚骨も含めて，「送り」の儀礼が，ある集団の内には芽生えていた可能性を指摘することができよう。この火を介在させる儀礼は，金生遺跡例や関東地方以北の黒色土層中にみられる焼けた骨の多さから，晩期には普遍化していたと考えることができる。しかし，前期後半にみられる「送り」の儀礼が一系的に晩期にまでつながるとはいえないだろう。内陸部包含層・竪

穴中では骨の残存条件は不利であるが，そのような儀礼が拡大化していく様相は，遺物の上からはとらえられない。しかし，他の葬送儀礼などと複雑な絡み合い方をしながらも，「送り」の儀礼は，獲物の再生を願う狩猟儀礼として継続していく。西日本では，前期の代表的低湿地遺跡といえる福井県三方町鳥浜貝塚[9]で焼けた骨は出土していない。諸磯遺跡で考えられる，火を介在する「送り」の儀礼は，西日本の同時期の遺跡までは，目下の所では拡がっていなかったといえる。この点で，「豊猟願望」の儀礼や「送り」の儀礼は，前期後半までの段階では，非常に狭い地域での個々集団の食料に対する対応の仕方の域を出ないものであったと理解できるのである。

3　縄文中期の狩猟儀礼の重畳化

縄文時代中期になると，狩猟動物（イノシシ・鳥）は意匠文として土器にとり込まれるようになる。その祖源は，前期後半の諸磯式期の把手に求められる。諸磯式期には胎土中に熊の牙を混ぜ込むような呪術的な行動もとるが，把手は前期終末〜中期初頭に一層写実的になり，一つの画期を迎える。以後，人面把手の成立と前後して，動物把手は蛇身文・半人半獣文・抽象文と変容して，中期後半の代表的文様となる，口縁部の渦巻＋窓枠状長方形区画文に統合される。土器に付される動物意匠文は，儀礼とは直接の関係はないかもしれないが，縄文土器文化を代表する豪華な装飾の契機が，前期後半の動物把手にあるということは注目されてよい。また，前期末葉〜中期初頭の写実

図5　動物把手（イノシシ）
（縄文時代中期，東京都多聞寺前遺跡）

53

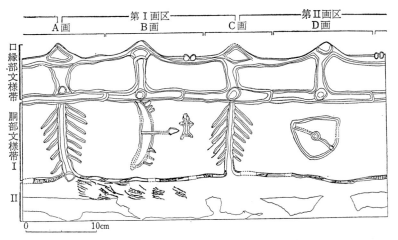

図 6 狩猟文土器（縄文時代中期，青森県韮窪遺跡）

的な動物意匠文を追究していくと，関東ではクマ・イノシシ・鳥（？），日本海側では鳥（？）の意匠が比較的多いことが指摘できる。北陸以西の西日本の同時期遺跡では，写実的な動物把手はほとんどみられない。東北地方にも多いとはいえない。このように動物把手は関東・甲信越地域に濃密な分布を示し，おそらく，そのいずれかの地域で生起したものといえよう。また，写実→抽象という動物意匠文の変容は，祖源的意義の変容化という観点でとらえることも可能である。このような変容過程は，縄文時代後期以降のイノシシ形土製品の変容と同様である。

蛇身文土器は，植物豊穣願望あるいは特定の動物と結びついたアミニズム信仰，とする説もあるが，それではクマ・イノシシ→蛇身・人面という意匠文の造型対象となるモデルの変遷の説明はつかない。これらは，ある願望（それが豊猟願望であったかもしれない）をもって造型された対象が，社会環境・自然環境の変化に伴って，本来的意義と異なる方向に進んだ1つの結果と考えられる。その顕著な例は，青森県八戸市韮窪遺跡出土中期末葉土器[10]の体部文様にみられる動物狩猟文であろう。紹介では，A・C画を針葉樹，B画をイノシシの狩猟，D画をヤナ・陥し穴と考えている。文様区画としては，針葉樹とされたA画とC画上の波状部が三角形の隆帯，B画上の波状部は逆U字形の隆帯，D画上にはU字形の隆帯が貼付されるのは興味深い。動物は真上から描かれたイノシシであろう。矢の先がイノシシの心臓部付近にあたることも適確に表現している。この絵画が俯瞰図とすれば弓も上面からみられていることになり，

弓は短弓を表現しているものと解釈できる。とすれば，D画は陥し穴を上面から俯瞰したものと解釈できる。問題となるのはA・C画である。B・D画が俯瞰図であるとすれば，A・C画は側面図表現となる。この点異和感がある。さらに針葉樹状の画は，左側がともに6条の隆帯を右上→左下方向に貼付し，右側は同様に7条の隆帯を左上→右下方向に貼付している。これは偶然にそのように貼付したものではなく，左6・右7と，ある目的をもって貼付していると考えられる。A・C画が具体的に何を表現しているかは判然としないが，針葉樹ではないように思われる。

いずれにせよ，この土器は極めて特異な文様をもった土器である。動物把手の変容の延長上には考えられず，豊猟願望が具体的に体部文様となった稀有な例であろう。祭祀用であるかどうかはともかく，動物意匠文の変容とは異なった意味で，土器のもつ属性そのものの中に豊猟願望がとり入れられており，豊猟願望表現法の多様さを，この土器に見出すことができるのである。

縄文時代中期には，このような「儀礼ののりかえ」あるいは「儀礼の重畳化」と呼ぶべき現象がしばしばみられる。これらは，儀礼の多様化が進んだ段階でみられる現象といえよう。長野県戸倉町幅田遺跡[11]では，環状列石の礫群中，敷石遺構石囲炉周辺などから，イノシシ・シカ・カモシカの火を受けた骨が出土している。この点を重視して，敷石遺構を「豊猟を約束する守護神的な性格」と考える説もある。しかし，筆者は祭壇・埋甕の存在から，本源的には祖霊崇拝的意味をもった遺構であると考えている。幅田遺跡の骨角器を含めた動物骨のあり方は，人間を対象とする葬送・誕生儀礼中に，狩猟儀礼である「送り」の儀礼が持ち込まれた例であろう。

若干時期は下るが，幅田遺跡と同様な「儀礼の重畳化」と考えられる状況は，福島県大熊町道平遺跡[12]の埋甕（報告書中では「埋設土器」と呼んでいる）にみられる。本遺跡の埋甕は後・晩期に属するが，埋甕内から出土したシカ・イノシシの骨はすべて火を受けており，周辺からイノシシ形土製

品が出土していることも注目される。埋甕は，縄文時代前・中期では，その中から幼児骨が出土することこり，葬送儀礼に用いられた，日常性を越えた土器と理解されている。さらに民俗例，アスファルトで出産を描いた土器の存在などから胎盤収納具とも考えられ，人間の生死に深く関係する遺物とされている。これら埋甕の変遷についてはすでに述べたことがあるが，その変遷中にも儀礼の重畳化がみられる[13]。後期初頭ではあるが，道平遺跡のあり方は，人間の葬送・誕生儀礼中に動物の狩猟儀礼が持ち込まれたものといえよう。後期初頭の他地域では，成人の洗骨した骨を埋納するための埋甕が存在している。時代的には幅田遺跡が古く，道平遺跡が新しい。2遺跡のみの比較では一般論化できないが，幅田では人骨・動物骨，道平では動物骨のみの出土である。このようにみると，幅田と道平は極めて近似した様相を示しており，儀礼の重畳化の過程をよく物語っているといえよう。

動物意匠文・敷石遺構内からの焼けた動物骨の出土・埋甕内からの焼けた動物骨の出土は，1章の例で述べた堂の貝塚のあり方と同様である。すなわち，狩猟・豊穣儀礼が，他の儀礼（葬送・誕生・祖霊崇拝など）にのりかえ，あるいは重畳化されていることを示している。「のりかえ」「重畳化」は各遺跡ごとの特色であったと思われる。後期の道平例があるからとして，埋甕がすべて狩猟儀礼用の器であったとは考えられない。それは幅田・堂の貝塚でも同様である。しかし，動物意匠文・敷石遺構・埋甕などは，関東・甲信越・東北・北陸の一部までを包括する分布圏をもっており，儀礼は小地域・小集団の範囲を越えた広範な共通相として理解できる拡がりとなっていく。

縄文時代中期の動物に関する儀礼は，前述のような「のりかえ」「重畳化」現象を示しており，より広範囲の狩猟儀礼を生み出す基盤を確立しつつある段階と評価しうるのである。

4 縄文後・晩期の狩猟儀礼と「送り」儀礼

縄文時代中期までは，狩猟儀礼は個個別々の形で行なわれていたと考えられる。その根拠は，前項で述べた，本源的には他の目的のために発生したと考えられる儀礼に，狩猟儀礼が重畳化する様相を示すからである。したがって，前項に列挙した遺跡例をもって一般化することはできない。しかし，縄文時代後期以降には，広い地域にわたって狩猟儀礼に関与したと考えられるイノシシ形土製品が存在する。イノシシ形土製品については以前に言及したことがあるが[14]，北海道から近畿地方までにわたって普遍化した動物形土製品は，後期以前には存在していない。出土例は60例ほどであり，最古は後期中葉例[15]である。時期的分布をみると仙台湾周辺で生起したものと考えられる。有文タイプと無文タイプがあり，ともにミノ毛を逆立て，相手を威嚇する姿勢を表現し，狩猟民の「畏怖表現法」をとっている。また，有文タイプでは「急所表現法」をとる。ウリンボと呼ばれる生後2〜3カ月の幼獣の土製品が存在することから，製作シーズンは秋口であったと考えられる。また，1遺跡での出土数が少ないこと，住居址以外から出土すること，完存品がないことなどを総合化すると，狩猟シーズンに入る前の狩猟の無事と豊猟を願う儀礼に使った土製品と考えることができる。この拳大のイノシシ形土製品の観察からは，狩猟民共通の属性を集約化した土製品とすることができる。イノシシ形土製品も初期の作品ほど，モデルに対して忠実に製作されており，時期が新しくなるにつれて，本来の形態から逸脱していく造型となる。これは，本源的儀礼の形骸化・衰退を示すものであり，弥生時代にはこの動物形土製品はひきつがれない。

前述の道平遺跡で，イノシシ形土製品が埋甕の付近から出土していることは興味深い。幅田遺跡

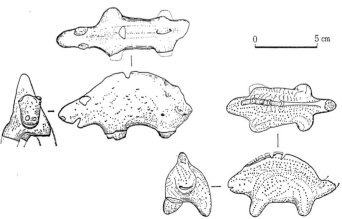

図7 イノシシ形土製品実測図（縄文時代後期，岩手県貝鳥貝塚）

でみられるように，中期末葉には火を介在する
「送り」の儀礼は存在していたと考えられる。道
平のイノシシ形土製品は後期末葉の所産であり，
道平ではその時期にイノシシ形土製品の祭祀と火
を介在する「送り」の儀礼が重畳化したものと理
解できよう。目下の所，道平遺跡は2つの儀礼の
関連を示す好例であるといえよう。縄文時代を通
しては，イノシシ形土製品の出現は火を介在する
「送り」の儀礼より後出である。しかし，その衰
退・消滅は火を介在する「送り」の儀礼よりは早
いのである。関東地方以北の後期末～晩期遺跡に
は，黒色土層中より焼けたイノシシ・シカの小破
片骨および骨角器・鹿角製品の破片が多く見出
される。これは焼けたため，有機分の多い黒色土
によって辛うじて残存した幸運な例であるが，火
を介在する儀礼が広く行なわれていたことを示し
ている。しかし，幅田や道平でみられるように敷
石遺構や埋甕といった日常性を越えた場所では行
なわれず，むしろ平地・土壙といった，いわば日
常的な場所で行なわれる点が注意されよう。この
時期に関東地方では狩猟活動が活発化する傾向も
ある。

　この火を介在させる「送り」の儀礼の代表例は
前述の金生遺跡である。118体の火を受けたイノ
シシ下顎骨が出土しているが，114体までが当歳
仔である。114体というと極めて多頭数と思いが
ちであるが，元来イノシシは多産であるため，成
獣捕獲頭数（母イノシシは平均で6頭の子イノシシを
連れている）で換算すると約20頭であり，1集落
1シーズンの捕獲頭数としては極端に多いとはい
えない。この下顎骨からひろがる問題については
前述したが，骨がすべて下顎骨であったことは，
下顎骨祭祀の祖形を，確実な形で金生遺跡に見出
すことができる。下顎骨祭祀は縄文人の食習慣，
すなわち脳髄食に影響されたものとすることがで
きる。脳髄の摘出のためには頭蓋骨を叩き割らな
ければならない。叩き割る部分は頭頂部・頭蓋底
部・後頭底部・前頭骨部と様々であり，破砕され
た残片である頭蓋骨は貝塚で多見される。頭部で
も，破砕を免れる下顎骨が，弥生時代になっても
農耕儀礼に用いられるのは，前時代の食生活の影
響を強くひきついだ結果であったと考えられる。

　縄文時代後・晩期の狩猟儀礼は，イノシシ形土
製品祭祀・火を介在させる「送り」の儀礼の普遍
化・下顎骨祭祀の出現といった現象でとらえるこ

とができる。このうち，弥生時代以降までひきつ
がれるのは下顎骨祭祀である。その祭祀対象獣は
イノシシ→ウマと変換するが，歴史時代まで確実
にその祭祀（願望の対象は変化するが）はひきつが
れるのである[16]。

5　縄文時代狩猟儀礼の展開

　縄文時代の「儀礼と動物」という観点で述べて
きたが，縄文時代早・前期においては，小地域・
集団の域を出ない限定化された豊猟願望，中期に
おいては，狩猟儀礼の，他の様々の儀礼との重畳
化，後・晩期においては，広範な地域で共通化す
る狩猟儀礼・狩猟祭祀という時期的な特色をあげ
ることができよう。ここではテーマの性格上，
狩猟儀礼についてのみ述べたが，縄文時代全般を
通しては，「儀礼」と考えられる範疇での狩猟儀
礼の占める重要度は後期に至るまで，それほど高
いものであったとはいえない。中期においては，
基盤になった儀礼は，やはり人間の生と死，そし
て祖霊崇拝の儀礼であったと考えられる。無論，
植物豊穣儀礼も狩猟儀礼と同等もしくはそれ以上
に重視されていたものと考えられる。しかし，
後期中葉から晩期初頭，土器型式にして10型式
の時間幅にわたる長期にわたって作られ，かつ北
海道から近畿地方まで広範囲に分布するイノシシ
形土製品の存在は，縄文人と狩猟動物という観点
からは極めて特異な位置を占めていた遺物と考え
られるのである。イノシシ形土製品が作り続けら
れる限り，縄文時代は狩猟社会構造であったとい
えるし，イノシシの飼育はありえなかったとする
ことができる。

　水稲栽培技術の渡来に前後して，その社会構造
の重要な一要素と考えられる農耕儀礼もまた渡来
している。それは，佐賀県唐津市菜畑遺跡や奈良
県田原本町唐古・鍵遺跡などにみられる，イノシ
シの下顎骨を棒に吊した祭祀である。これは「い
けにえ」「犠牲獣」という儀礼としてとらえられ
る。しかし，縄文時代晩期の金生でも，弥生時代
初頭の菜畑でも，儀礼に用いられたのはイノシシ
の下顎骨であった点，注目すべきであろう。すな
わち，弥生時代以降の後代へひきつがれる下顎骨
祭祀の祖形は，縄文時代後期中葉以降に求めるこ
とができる。その点では，儀礼に用いられる動物
が，縄文・弥生の両時代にわたってイノシシであ
ることは，弥生時代の儀礼が縄文時代の狩猟儀礼

56

図8 棒に吊されたイノシシ下顎骨
(弥生時代初頭,佐賀県菜畑遺跡)
唐津市教育委員会提供

の延長上で理解できることになる。菜畑・唐古例は,農耕儀礼である「いけにえ」儀礼流入の際の日本的変容をよく示しているといえよう。縄文時代には基本的に「いけにえ」儀礼は存在しなかった。それは,狩猟社会構造の本質を如実にあらわすイノシシ形土製品が,長期間・広範囲にわたって分布しているためである。

儀礼の変遷を辿って注目されることは,狩猟儀礼は時期が新しくなるにつれ,分布圏が拡大していくことである。これは,縄文式土器の古期ほど分布圏が広範であり,新期になるにつれて分布圏が狭まるという一般的な傾向(例外はあるが)とまったく正反対の現象としてとらえることができる。これは,日本列島に住んだ縄文人の人口・社会構造・情報伝達方法・流行・列島外からの伝播・食料資源・環境など様々な要因が考えられるが,新期になるほど儀礼は分布圏を拡大していくという点は,儀礼を考える上で,見逃すことのできない一現象であることを強調しておきたい。

註および参考文献

1) 金井町教育委員会『堂の貝塚』1977
2) 安蒜路洋「大宮市篠山遺跡」第5回遺跡調査報告会発表要旨,1972.この報告中では遺物整理未了のため 貝を模した土製品は呈示されていない。
3) 田中英司・劔持和夫・金子直行「明花向遺跡C区の調査」埼玉県埋蔵文化財調査事業団報告書,35,1984
4) 西本豊弘「イルカを祀った人々」アニマ,96,1981
5) 大宮市遺跡調査会『深作東部遺跡群』1984
6) 三浦市教育委員会『諸磯遺跡とその周辺』1979
7) 金子浩昌「イノシシ幼獣の埋葬」アニマ,96,1981
8) 新津 健「金生遺跡発見の中空土偶と2号配石」山梨県立考古博物館研究紀要,1,1983
9) 福井県教育委員会『鳥浜貝塚―縄文前期を主とする低湿地遺跡の調査 1・2・3・4』1979・1981・1983・1984
10) 工藤泰典「〈速報〉八戸市韮窪遺跡出土の狩猟文土器について」考古学ジャーナル,234,1984
11) 森嶋 稔「幅田遺跡」長野県史 考古資料編,1982
12) 大竹憲治「縄文時代における動物祭祀遺構に関する二つの様相」道平遺跡の研究,1983
13) 埋甕は,対象が幼児―→幼児・成人,死―→死・誕生と変遷していくものと考えている。土肥 孝『日本の美術 190―縄文時代Ⅱ(中期)』p.72~73,1982
14) 土肥 孝「動物の土偶と狩猟祭祀」アニマ,96,p.91~92,1981
　土肥 孝「狩猟儀礼から農耕儀礼へ」『縄文から弥生へ』帝塚山考古学研究所,1984
15) 青森県韮窪遺跡には,イノシシらしい土製品が出土していると記されているが,ここでは除外した。
　工藤泰典 前掲書
16) 土肥 孝「"いけにえ"の起源をさぐる」アニマ,121,1983
　土肥 孝「日本古代における 犠牲馬」『文化財論叢―奈良国立文化財研究所創立30周年記念論文集』1983

特集●動物の骨が語る世界

数量分析への検討

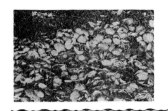

数量分析からは，分析者の考古学的センスが透視される。データの公共性は，それをマクシマムにひろげておくことを要請する

貝塚の調査と季節性／脊椎動物遺存体の観察と分析

貝塚の調査と季節性 ■ 中村若枝
（なかむら・わかえ）

貝塚の季節性推定には分析結果を偏重するのでなく，従来の生態学的見解や土器などの出土状況をも加味する必要がある

1 縄文人の食生活

『縄文人の食生活はどのようなものだったろうか』この問いかけに答えようとすれば，食用に供されたと確認された動植物種名の羅列に始まり，獲得→解体・調理→廃棄といった行為を追しょうしていく中で，獲得時期（季節性），獲得期間，獲得量という要素も問題となろう。さらには，獲得場所（テリトリーの範囲と環境），獲得技術，協業・分業という集落間の交渉のありさま，あるいは生業にかかわる呪術（精神生活）などの課題もはらんでくる。つまるところ，これらの総体として社会構造の問題にまで派生してしまう。人間生活のかなりの部分は，「食べること」にかかわる労働に費やされ，これを基軸として生活が展開していることは，比率の差こそあれ現代も同様である。衣・食・住・宗教と生活領域を区分してみても，これらが並列状態で相関性を持つというよりは，食生活が他を規制する構成分の方がはるかに多いであろう。貝塚から出土する遺存体は，直接的に食生活を知らせてくれている。しかし，現時点はまだ個別遺物から導き出される多角的情報を集積し，まず遺跡ごとの様相をとらえようとする段階である。これを経たのち，多様な情報を帰納させ縄文社会を復原していかなければならな

い。しかしこれもまだ研究プロセスの往路であり，構成された概念から翻って個々の実体（遺物）を再認する方法がとられて初めて，食生活の全容を知ることができるのだろう。

ここでは，遺物から得られる食生活の情報のひとつである季節性について，貝塚の調査方法との関係から検討してみよう。

2 生業の季節性

『縄文時代の生業には季節性があったのだろうか』専業集団が存在した可能性も考慮しなければならないので，安易に決めつけることは回避しなければならないが，一般には次のように考えられている。後氷期における自然環境の変化は，海浜部での漁撈活動を急速に発展させ，食生活の上では『水産資源も含めたバラエティーにとむ食糧の開発・利用』という変化となって現われた。自然経済（狩猟・漁撈・採集）を基調とした人々は，よりよい採捕を遂行するために，道具や技術を工夫する一方，生物の習性などの知識を活用し，効率のよい季節を選定し労働力を配分するという計画性を持ちながら生業活動を営んでいたであろうとされている。さらに小林達雄氏は，「生業だけでなく，土器づくりなどの活動も呪術や儀礼により節句行事として固定化されていったのであろ

う」とし，縄文カレンダーを図示された[1]。これに対し，「単にシーズナリティの指摘にとどまらず，儀礼の社会的機能を視覚にとらえているだけに説得力がある」[2]とする見方と，「小林氏の考えは儀礼や呪術などの観念的なものが前面に出て来ており，自然にはたらきかけ生活と文化を高めて来た労働や発展を前向のものとしてとらえていない」[3]という，やや懐疑的見方もある。

堀越正行氏は，両者の見解を踏まえた上で，小池裕子氏のハマグリの季節推定の分析結果を援用し，この問題を質的に高めていかなければならないとし，行動の跡づけを試みられた[4]。関東地方の 11 貝塚における分析データを紹介し，「早・前期は，採貝活動が周年の生活暦の中に組み込まれていく試行段階で，中期以降になり貝の生態条件に適応して採貝行動のスケジュールが周年の生活暦の中に，ほぼ固定的に組み込まれた。こうした生業の季節性の実現は，定住生活を強化した。」という概略を導かれた。縄文時代という大枠で論じられていた課題に，時間の経過を付加し発展的にとらえられた分，歴史的記述に近づいた感がする。ここで問題とされるのは，堀越氏も触れられているように，「採貝季節の分析が，その貝塚やその時期の性向をほぼ正しく表示している」という前提の上に立っているということである。分析地点，分析量をできるだけ多くし，信頼性を高める必要性も指摘されている。このことは，他の自然科学的手法による分析結果や遺物の統計処理についても言えることである。そのまま適用するのでなく充分な検証を経た上で，考古学的知見に矛盾しない範囲で成果を利用すべきであろう。

3 季節性推定の有効性と限界性

具体例を示す中で，データの妥当性を検証しながら，気づいた点を列挙し，季節性推定を含めた貝塚調査のあり方を模索してみよう。

東京都港区伊皿子貝塚（縄文時代後期初頭，堀之内式期）は，焼けて破砕した貝と炭化物が互層をなし，斜面を埋め尽くすように水平に堆積しており，この点だけ見ても極めて特異な貝塚であった。生活用具・獣骨が著しく少なく，大型魚は鱗だけが残されており，貝塚の周辺に居住空間を設営する余地がないなどのことから，海辺の作業場[5]であったろうと推定される。その後，千葉県市川市奉免安楽寺貝塚（縄文時代後期）も，貝層の状況が酷似しているという報告[6]があった。廃棄

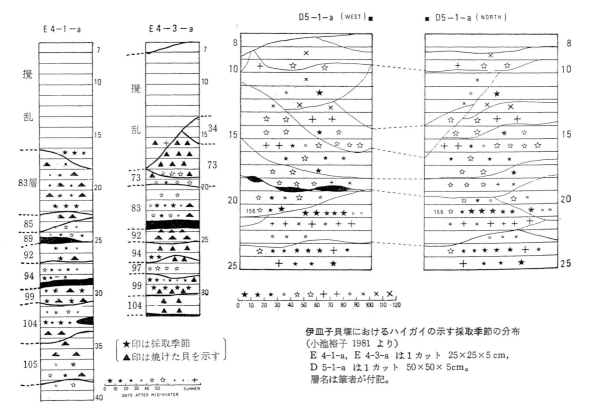

伊皿子貝塚におけるハイガイの示す採取季節の分布
（小池裕子 1981 より）
E 4-1-a, E 4-3-a は 1 カット 25×25×5 cm,
D 5-1-a は 1 カット 50×50×5 cm。
層名は筆者が付記。

した貝殻の上面で調理用の火を焚き，不用な部分を除去し軽くしてから集落へ持ち帰るという生活スタイルが，東京湾岸に普及していた可能性も生じてくるわけであり興味深い。季節性の推定にあたっては，小池裕子氏の貝の成長線分析[7]と，牛沢（丹羽）百合子氏による鱗の分析[8]が行なわれた。

成長線の分析には，E 4—1—a，E 4—3—a，D 5—1—a の 3 ヵ所のサンプルスポットが選定された。季節推定用として，各カット中より小型ハイガイ 5 個を抽出している。これは，2〜3 年（殻高 14.9〜20 mm）の貝が成長が最も速く，正確に季節推定ができるということのようである。

最も良好な結果が得られたのは E 4—1—a 区である（図参照）。E 4—3—a 区では，7〜38 カット中，撹乱部と下層の炭化物層を除いた 16〜32 カットを対象とされており，最下層（105 層厚さ 30 cm）は炭化物層として割愛されている。また D 5—1—a 区は，層の変わり目で複雑な堆積を示しており，機械的に行なわれる柱状サンプルの方法が，いかに層序を無視した状態で行なわれているかを示した好例である。筆者らも柱状サンプル方法に対する問題点を提示した[9]が，その後小池裕子氏[10]，松井章氏[11]らも同様の指摘をされており，この方法では現在では，淘汰されたと見なすことができよう。

E 4—1—a 区では，分析数 23 カット中ハイガイ 71 個。その中で，熱変成を受け正常のラメラ構造がモザイク状になり成長線が観察できないものが 18 個（25％）あったという。採取季節は冬輪完了（2 月 15 日）から春の終わり（0〜50 日）に集中しており，しかも，冬輪完了直後から春に至る季節推移が 6 回みられ，最下層の春の終わりを加えると 7 回の異なった冬を数えることができると報告されている。貝層の層序と対比してみても，層名が連続していない。つまり 7 回の冬を数えたとしても，連続した 7 年間ではないことがわかる。

季節推定より判明した季節層を層名で示すと E 4—1—a 区でみられる年単位（季節層）の堆積順位は，105→104→99→94→92・89→85？→83 となる。92 層と 89 層が同一年に形成された点と，85 層は抽出した標本が 2 個とも熱変成を受け季節性のデータが得られなかったので，季節層として独立するか否かは判定できない点を除くと，発掘

調査時に，大別層と称して大まかな把握を試みた層区分と，自然科学分析を基にした分層がほぼ一致したことになる。実際には，おそらく 1 回の廃棄量を示すと思われる径 60 cm，厚さ 5 cm 程度の層も確認しており，季節層に分けるということは，小池氏が言われるように"層の細分"ではないことがわかる。むしろ"統合"であり，廃棄ユニット（季節層の周年的まとまり）[12]という概念の方が適確である。発掘調査で廃棄の最小単位を確認しておけば，統合することは可能である。この統合段階で，季節性の推定分析のデータを援用すれば，確かな時間軸に組み込むことができるだろう。そのためには，層序にそった最小単位ごとのサンプリングが前提となることは，改めて言うまでもない。

一方，小池氏はあらかじめ発掘断面から分析貝を採取し，その季節性により層位発掘を行なう方法を紹介している[13]。しかし，最初から貝層断面が観察できる貝塚調査はまれである。また分析結果を待って層の認定を行なうだけの時間的余裕は，実際の調査ではむずかしいだろう。

分析データの信頼度という点についても検討をしてみる必要があるだろう。同じ E 4—1—a 区でみると，105 層の季節性分析数 4，104 層 8，99 層 5，92 層 4，89 層 7，83 層 11 であった。最も多い 104 層でも，8 個のハイガイは 104 層中の貝の 0.015％にすぎない。統計学的には「必ずしも正規分布をとらない母集団から平均を推定する場合，通例手にするデーターならば，25 程度のサンプル数ならよかろう」というのが通説のようである[14]。季節性を知る場合，平均値が問題とされるわけではないが，傾向を把握するためには，ある程度の標本数が必要となろう。またサンプル地点の問題もある。D 5—1—a 区のデータを見ると，E 4 区が春（0〜50 日目）に集中していたのに対し，主体時期も 10〜100 日目で，夏期（90〜180 日目）に採られた貝も 76 個中 7 個あったようだ。同一の層でも春のはじめには，E 4 区あたりに廃棄していたが，次第に後方へ退き，D 5 区あたりに廃棄する頃には夏であったという解釈も成り立つ。あるいは，採貝のスケジュールが，年月を経るうちに少しずつ変更されてきた可能性もある。やはり分析箇所をなるべく多く設定していくべきであろう。その点でも「ほとんど春先から春の後半までの 50 日間に採られた貝だけ

で構成されていた」[15]（・印筆者）といった断定はE4区の様相ではあっても，伊皿子貝塚の全容を反映しているとは言明しがたい。

また他の方法とのクロスチェックということも，常に行なうべきであろう。伊皿子貝塚の場合，先に触れたように，クロダイの鱗から捕獲季節が求められている。出土数は1,500点を数えたが，そのうち完形は480点であった。全点に関し，発掘調査段階で地点とレベルを記録し，出土層の確認を行なった。分析可能なものすべてに関し分析した結果，体長20〜35cmのものがほとんどで，夏〜秋に多く捕られたと報告されている。小池氏に，貝の分析結果から，「貝類採取や漁労のため春だけ使われていた作業場であった可能性がある」[16]とされたが，この時点では鱗による季節推定結果が出ていない段階であった。夏〜秋にクロダイを中心とする漁撈活動が行なわれたことを加えると，「年間を通して人々が採貝・漁撈活動を営むために通った作業場」と見る方が，蓋然性が高い。貝殻から貝採取時期がわかっても，その層に合まれるすべての遺物が，その時期に採られたものとは限らない。とくに，獣骨や魚は，採取した季節と，食べた後廃棄した時間との間にズレを生じることもあるだろう。

以上，伊皿子貝塚を例に貝殻による季節推定データの有効性を吟味してみたが，最も誤解を招きやすいとすれば，ごく限られた分析結果をもって，遺跡を代表するかの如く扱い論述してしまう点にある。得られたデータから“確かに言える”範囲を明らかにしておくのは，分析者の基本的責務であろう。また，援用する際には，科学的分析結果だけを偏重するのではなく，従来の生態学的見解や，土器・石器の出土状況も加味し，生業暦の復原にあたっては慎重に収束させていかなくてはならないだろう。

註
1) 小林達雄「縄文土器の世界」日本原始美術大系I縄文土器，講談社，1977
2) 永峯光一「縄文人の思考序説」歴史公論，5—2，1979
3) 岡本　勇「縄文文化の発展」歴史公論，5—2，1979
4) 堀越正行「ハマグリからみた生業の季節性」史観，16，1984
5) 金子浩昌・中村若枝・牛沢百合子「伊皿子遺跡における貝塚発掘調査の総括」伊皿子貝塚遺跡，港区伊皿子貝塚遺跡調査会，1981
6) 堀越正行「奉免安楽寺貝塚の提起する問題」史観，14，1983
7) 小池裕子「伊皿子貝塚における貝類採取の季節性」註5）に同じ
8) 牛沢百合子「伊皿子貝塚出土の魚鱗」註5）に同じ
9) 註5）に同じ
10) 小池裕子「貝類分析」縄文文化の研究，雄山閣，1983
11) 松井　章「貝塚の情報性」註10）に同じ
12) 岡村道雄「里浜貝塚西畑地点の貝塚を残した集団とその季節的な生活」考古学ジャーナル，231，1984
13) 註10）に同じ
14) 鈴木義一郎「統計的推論の原理」統計解析法の原理，朝倉書店，1977
15) 註10）に同じ
16) 小池裕子「遺跡の貝殻から探る生活暦」科学朝日，6月号，1981

脊椎動物遺存体の観察と分析──■ 丹羽百合子
早稲田大学考古学研究室
（にわ・ゆりこ）

─統計処理前提条件の検討─

どのような遺跡のどの部分を発掘しているか，そして出土状況が表わす意味を逃さないことこそ考古学者の任務であろう

1　はじめに

動物遺存体の研究が数量化によって生活の復元に有力に寄与するように目指されてから，日本でも最早30年近くが経過したことになる[1]。

とくにこの10年は，季節推定，歯牙による絶対年齢推定の技法などが発達を見，各々の専門分野からデータが提供されることも多い。それにも関わらず，いやそうであるからこそますます，すでにかなりの量が生産され，今後もつづいていく

であろう Raw Data が，どれだけ有効に生活の復元へと連なり得るかは，考古学的動物遺存体研究に携わる者にとって常に脳裏を去ることのない問題である。

　発掘報告書をもとにしたいわば二次的研究は，時間的猶予もあり，個々の研究者の恣意性を許容するが，一方，一種の破壊とひきかえに得る基礎データは，その質が後々の研究を決定してしまうほどの影響力を持つだけに，良心に照らし，できる限り詳細で多面的なことが要請される。さらに言えば，失なわれた後に繰り返し調べ直すことができないと覚悟して，基礎データは，将来行なわれ得る研究をも可能にしておくものでなければならないであろう。

　モース以来，大給尹，岸上鎌吉，松本彦七郎，長谷部言人，直良信夫，酒詰仲男らを中心とする研究の流れについては以前に触れたので[2]，ここでは，われわれの足許を見つめることになろう。

　日本におけるこの分野の研究にはその理論形成に，イギリスや北米の研究思潮が意識的あるいは無意識下にとりいれられている場合が多いのだが，それらの研究者にしても Raw Data の数量化については，そこに潜む幾つかの問題についてあえて論じた者はいなかったようである。以下では，問題点を二，三掲げて日本への浸透性の影響力を持ったと思われる外国での論者に立ちもどり検討することで論題を明らかにし，われわれの研究の行き先を見つめてみたいと思う。

2　研究の先駆—E. T. White

　最小個体数による分析は，古くはロシアの先史学者たちの間で始まったものという。しかし，われわれが数量分析の一つの画期として認識するのは 1952，1953 年に相ついで発表された White の論文であろうと思われる[3]。彼はサウスダコダ州の 2 遺跡の調査に際し，Antelope を主とした獲物の出土骨を，各部位ごとに左右，上・中・下端に分けてみると，発掘の不可抗力とするには大きすぎる数の差があることを見いだし，それを解体場所に置きざりにされて居住地に搬入されなかったり，居住地での解体，分断，料理，乾燥の仕方などによるバイアスとして各々意味づけようとした。翌年，Bason 川流域調査では，多種の動物を食糧としているグループもあることを発見したことから "一体，各動物種はどのような構成比を

示すか" という疑問が生じたのである。その解決法として，彼は肉量による重量構成比を採用した。個体数による構成比をなぜ避けたのかというと，例えば〔バイソン 1 頭＝シカ 4 頭〕という具合に獲物の大きさがかなり異なるためである。

　ここでは，現在でも一般に行なわれている最小個体数による構成比や量差の計出に対する問題点を，すでに克服しようとする意図がみられる。これを推し進めれば，最近いくつか試みられている種間の構成比や量差，食糧資源としての重要性をカロリーという統一尺度で計ろうとする考え方に行きつくのであろう[4]。しかし，これら一連の数量分析には困難が伴うことが予想され[5]，その作因の 1 つがここにも明確に表われているのである。すなわち，White にせよカロリー計算にせよ，基準となる重量は個体数を用いている点である[6]。部位や左右の出現頻度にバラツキがあるのは，実想を透視しようとすれば，それなりに重要な意味をもつのであり，W（重量）$= M_t$（個体数）$\times$（肉量），$Cal = W \times$（1 g 当りのカロリー）という式ではそれが反映できない。遺跡に運ばれたのは，肢肉 1 本かもしれないし，逆に後述するような作因で消滅した結果，本来はもっと多くが獲得されたかもしれないのである。White は 1952 年の論文ですでにキャンプ地と居住地の概念分けを行ない，かつ部位残存のバラツキに解体，運搬，調理，道具製作などの作因を掲げており，さらに 1953 年の論文でも出土骨の左右の不均衡に気づいていたのではあるが，彼は，それを集団間の協業といったスケールで実地に検証した上で方法論に組み込んでいくまでには至らなかったのであろう（これを魁の責とするより 30 年余り経てなお同様の問題に停滞しているわれわれ自身への批判と受けとるべきであるのだが）[7]。

3　研究の実践書—R. E. Chaplin

　Chaplin の "The Study of Animal Bones from Archaeological Sites"（1971）は動物遺存体研究の技術的・実践的側面を強調したものである。彼は動物遺存体から何がわかるのか，またそれを調べるために遺存体に対してどういう検査と観察を行なうべきかについて表 1 にみるような項目を列挙した。犠牲，供献など宗教的な重要事項が見当たらないことを除けば，ほぼわれわれが観察する項目を網羅しているといえよう。

表 1　動物遺存体から引き出される題目とそれに役立つ検査 (Chaplin 1971, p. 60・61)

Table 3a. The relationship between topics of interest and the studies applied to bones from archaeological sites

(a) Selected topics.
1. Diet in general.
2. Species utilised.
3. Quantity of meat represented.
4. Food availability, preferences and restrictions.
5. Potential availability of animal by-products such as milk, cheese and skins.
6. Source of supply of meat.
7. Techniques of butchery.
8. Methods of marketing.
9. Ancillary "industry", e.g. horn, hides, glue.
10. Social implications of the ratio of wild to domestic animals.
11. Rural economy (both husbandry and the overall pattern of agriculture).
12. Husbandry techniques.
13. Husbandry and pastoral economy, e.g. specialisation on particular commodities or uses.
14. Livestock diseases.

Table 3b. Examinations and studies available
(The number following the topic indicates that it is relevant to the topic bearing that number in Table 3a)

1. The nature of the site and the deposits from which the bones came. This is fundamental to any study and interpretation of bones from an excavation.
2. Geology and topography of the site. 2, 5, 6, 10, 11, 12, 13, 14.
3. Other biological studies (plants, mollusca, etc). 1, 2, 5, 11, 12, 13, 14.
4. The species represented. 1, 2, 3, 4, 5, 6, 9, 10, 11.
5. The minimum number of animals present. 1, 2, 3, 4, 10, 11, 12, 13.
6. The minimum number of animals determined for each of the bones of the body. 1, 3, 4, 6, 7, 8, 9.
7. Marks left by butchering. 2, 7.
8. Age of animals at death. 1, 3, 4, 5, 11, 12, 13, 14.
9. Anatomical and metrical estimation of sex. 1, 3, 4, 5, 9, 11, 12, 13, 14.
10. Size of animals. 1, 3, 4, 5, 8, 9, 10, 11, 12, 13, 14.
11. Disease, injury and malformation. 4, 5, 11, 12, 13, 14.

ところで彼は, 数量化の方法について従来の3つの方法, すなわち, (1)破片法, (2)重量法, (3)最小個体数法, を掲げている。その内前二者は, 遺物の輸送や発掘時の他に, 当時の解体・調理・加工, 埋存後の土壌などの条件が, 一定であるという基本仮定は成り立たない故に斥けている。(3)最小個体数法で彼の用いた方法は, White のそれと比べてもわかるように, さらに実際に則して深化させたものである。左右に分け残存部位を確認するだけでなく, 左右をつき合わせて (pairing または matching と呼ばれている), 大きさ (計測値による) や, 年齢 (四肢骨については化骨化の有無, 歯牙は萌出・磨耗など) というフィルターを通して同一個体か否かを確かめる方法である。日本では Chaplin の本は遺存体の扱い方のテキスト的なものと見なされているが, matching がどのような場合でも行なわれてきたわけではない。絶対年齢推定はかなり進歩したが, 歯牙に限られているのが現状である。理想的には絶対年齢とあわせて, 部位すべてについて体長復元して計測値からもまた形態の個体差からも個体識別を行なっていくことが望まれる。さらには発掘時の出土層の意味づけと細分化がすすみ, 同一層内でも捕獲季節の相違がわかれば, 実態に近い個体のまとまり・分散が明らかにされるはずである。遺憾ながらこれらを実際遂行した報告文や論文は未だ発表されていない。実現不可能なのであろうか？　だが少なくとも今後は出土状況をできるだけ克明に記録することと, 骨片にいたるまで観察項目をすべてチェックしていく作業とそのデータ・バンク化を計画にはじめから組み込んだ調査体制を (裏腹な現状ではあるが) 提唱し求めていくこともわれわれの責任といえる。

たしかに, Chaplin の個体数算出法は, 画期的なものであったが, 彼の言うように, 果たして何の仮定も含まず (no hypotheses), 純粋事実上 (purely factural) のことなのであろうか[8]。

4　時間的概念の導入・遺跡間の比較

A. C. Ziegler (1973) の批評から推して Chaplin に代表されるような遺存骨の分析では, 骨の形質に基づいて一括して取り扱う傾向が強く, 遺跡内の時間的推移をあまり重視しなかったきらいがあるようである[9]。

Ziegler のモノグラフは Raw Data の統計処理の仕方に重点がおかれており, とくに他遺跡との比較を可能にするための Raw Data の処理方法として, (1)体積を一定にする[10], (2)層の堆積速度を基準にする[11], (3)Recovery Constunts[12] をあげ, モデルで理論説明を行なっている。著者は10年前にこの(1)の項目にあたる C. I. ＝Concentration Index の概念を使用して南関東の貝塚・洞窟など20例あまりの時間的地域的比較を試みたことがある[13]。これは純貝層でも混貝土層でも堆積速度が一定と考える以外にないこと (実際は純貝層の方が速いであろう) や, 住居址内, ピット内など遺跡内のどんな地点であれ骨の分布が平均化されてしまうことなど, 限界性は明らかであった。堆積速度を貝・魚鱗などの季節推定から導き出すことが具体性を帯びている現在は, (1)の方法は一つの目安としておく方がよいようである。またそれ以上に(1)の方法は, 各層の意味づけや, 廃棄の最小単位の確認といった考古学上の発掘の本来的使命がようやく認識され, それに基づいた発掘の実施をみるようになった今日から振り返れば, 当時以前に行なわれた発掘の精度に規定された研究の限界性の残照に他ならなかったと思われる。

5 人か動物か

　日本では，今まで発掘された骨の集積に対して，人が残したものであることが先験的に受けいれられる傾向にあった。縄文時代以降の遺跡に伴って，貝塚や住居址やピット内溝中から出土する骨についての議論がほとんどであったのだから当然の帰結ともいえる。しかし洞窟・岩陰遺跡では一時的にオオカミなど食肉獣の巣穴となる可能性もあるわけであるし，まして旧石器時代の動物遺体の範疇では，肉食獣にえじきとなった動物骨の可能性を吟味する必要はぐっと大きくなろう。日本でも最近ようやく後述する埋存過程での骨の消滅・残存率，および今述べた人間関与に対する立証の明確化が，Taphonomyとよばれる分野から，旧石器時代動物遺体研究において提唱されている[14]。

　あらかじめオルドワイの化石人骨をも視座にいれているBinfordの研究や，広く南アフリカのオーストラロピテクス類の人骨を扱ってきたBrainの研究は，われわれにさらに広い視野を包括した動物遺存体研究の検討を迫るものである。とくに縄文時代以降にこの種の考え方を意識的に導入した場合，クローズアップされるものは，人間と生活を共にした犬の食肉獣としての遺存体への影響であろう。Binford (1983)は，エスキモーの村に1972年春に貯蔵されたカリブーの骨と，オオカミによるkillとの間の各部位の出現率を比較し，"人間がa killから消費のために持ち去るものは，動物のa killにおいて消費の後，残るものと類似する"と述べている[15]。もし，犬もまた食肉獣としての嗜好性を残存しているとしたら，人間と犬は食において相互補完的であったかもしれない。

　またBinford and Bertram (1977)は，カリブーを獲るエスキモーの遺跡例と，羊を飼い解体するアリゾナ州のNavajoインディアンの民族例と比較しながら，双方とも犬の影響の大きいことを述べている[16]（前者は肉の冷凍や乾燥という季節的作業があり，犬に与える部分も計画的で，厳然とした

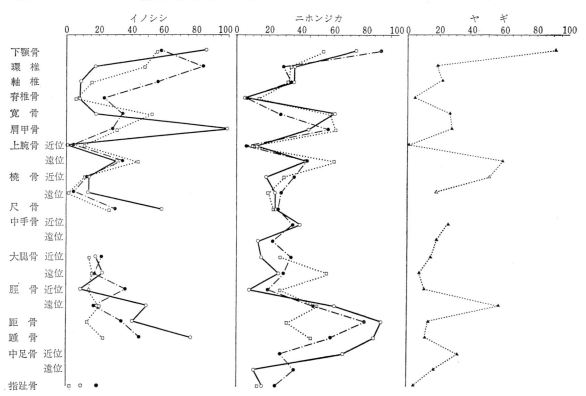

図1　イノシシ・ニホンジカ・ヤギの遺存体各部位の残存率の遺跡間の比較
□：福井県鳥浜貝塚（縄文前期）（稲波素子 1982「鳥浜貝塚のシカ・イノシシ遺体」鳥浜貝塚II）
●：福島県大畑貝塚E地点（縄文中期）　○：同B地点（縄文後期）（金子・牛沢 1974「大畑貝塚出土の脊椎動物遺存体」より作成）　▲：Kuiseb Goat Skeleton (Brain 1981, Tab. 5, p. 277)
△：尺骨と橈骨を合わせたもの

表 2 岩手県大洞貝塚におけるイノシシ・ニホンジカの
肋骨の残存率と咬痕の関係

	イ ノ シ シ				ニ ホ ン ジ カ			
	最小個体数	肋骨片総数	残存率(%)	咬痕片数	最小個体数	肋骨片総数	残存率(%)	咬痕片数
縄文後末	4	47	14	2	8	106	17	1
大洞A	8	53	14	4	8	80	13	3

feeding であるのに対し，後者は放し飼いで放置した
骨に犬は自由に接近できる）。一方 Brain はブッシュマンの村でヤギのみを囲って飼っているのに着目し，二頭の解体で人や犬の関与するプロセスを観察したり，２日間にわたる犬をよせつけず人だけによる骨の分解や，咬まれ方を詳しく記録したりした貴重なメモを提示している。さらに村の周辺に散布している 64 個体分のヤギの骨の部位別の出現頻度によって，咬まれ易さということに関しては化骨化の早さ（例えば，上腕骨の遠位端は近位端よりも骨化が早い）や骨質の比重（丈夫さに関係）が反比例的に作用することを示している[17]。

ところで図１からもわかるように，Brain の提示した例とはかなり異なるし，縄文時代でも（シカを中心に，脊椎・寛骨・上腕～尺骨・橈骨はよく類似するが）地域・時期によりそれぞれ変化があることは明らかであろう。表２に示したように肋骨の残存率が下がるのと咬痕の数が増加するのとは相関関係がありそうであるが，咬痕の多寡を単純に犬の数の増加や，他の餌不足と結びつけてもよいのだろうか。例えば咬痕の付く率だけをみれば弥生時代の亀井遺跡[18]の方がはるかに高率である。そこでは，縄文と弥生とで犬が骨を与えられたり，勝手に捨ったりする仕方が大きく異なっていたことが前提となる。

このように遺存体の部位の残存率には，犬などの他に，必ずいくつかの原因がからみついていることが考えられ，残存率の比較のような単一の分析のみではその素因の存在はわかるが，具体的には解き明かすことができないのである。

6 残存率について

埋存する一つ手前の段階であることが多い犬の影響と同様，埋存後の残存率についてもそれのみを真向うから検討することは日本では行なわれてこなかったようである。埋存までにも，a．投げ棄てられた所の状態（平坦か斜面か，草地かさら地か，貝，灰，泥，砂，水中 etc），b．scavengers

（犬，鳥，ネズミ，肉食貝，蟻 etc），c．風化やその場所でのたき火 etc，で骨質自体の変化や位置の変化が予想されるし，埋存した土壌や水質の化学的性質による変成，水中であればこれに水流による再堆積という物理的変化を被ると考えねばならない。また，これらの条件が同一であった場合でも，骨自体の性質（犬に咬みこわされにくい部分か否か，化学的変化をうけにくい部位や，年齢によって変化する骨質の強さ，焼成による強さ etc），および骨の密集度でどうちがうのか。一つ一つの作用に法則性を与え，遺存体がその中のいくつの作用を被っているかを見極めることはむずかしい。

欧米においては，先述した Chaplin に代表されるような〔MNI＝少なくとも部位の一部を残す pair 数〕に対して〔N＝オリジナルに存在した pair の総数〕を推計しようとする考え方がそれとコントラストをなす思潮となっているようである（その中には，消滅速度を予想したものもある）[19]。この考え方の筋道は，同一個体とみなされる骨の出現率が非常に低いことは，それだけ破損，消滅の度合いが高いためとするというものである。

日本の場合，たしかに，廃棄した骨のまとまりが貝層中に包含されるとすれば，当初の打割面の生々しさなどからみて保存率は 100% に近いとみてよいだろう。また砂丘や溝中は一般に保存のいい遺存体が得られる。しかし，貝層下や貝層周辺の土層や混貝率によって層ごとに残存率は違うのではないか。〔貝の廃棄されるまとまり∋遺存骨の廃棄のまとまり〕でない場合は一部は残り一部は消滅するのである。貝ノ花貝塚，西広貝塚の晩期に貝層のない中央広場にみられる集積は，密集した所のみが残存し，あとは消滅しているのだろうか。あるいは，なすな原遺跡のように焼骨片のみが残存する場合は，他の骨は消滅したのか，本来廃棄されず，焼骨が特別の意味をもつものなのか。こうした疑問に数多く遭遇はしたが，実験や化学的説明を求めることをおこたっていたようである。

7 いかになすべきか

以上においては数量的分析の流れを各スポットで概観しながら，われわれ自身の反省や今後の課題について触れてきたつもりである。

65

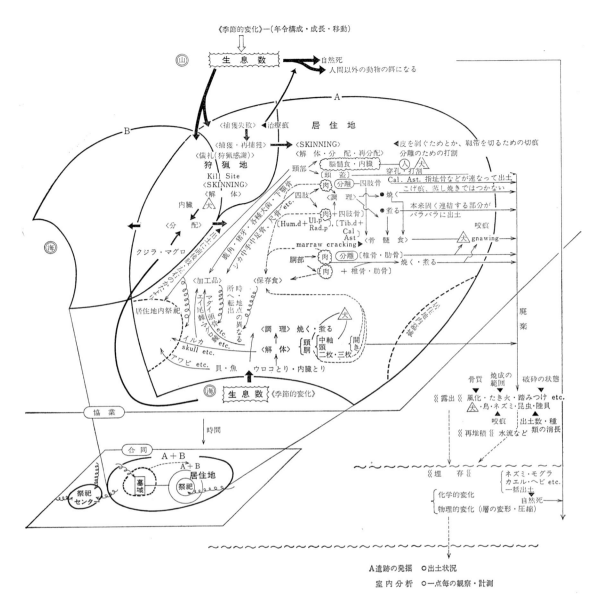

図 2　動物遺存体研究の構造化の例（個々の遺存体分析はどういう再構成に役立つか）
A・Bの集団間のあり方は全く分離しているものから，協業を行なうものまであり，さらにA+Bのような合村へと進展していくことも考えられる。縄文時代貝塚のイノシシ・シカ遺体を中心として貝塚例を思い合わせてイメージしたものである。不完全であるが，時の流れ，集団の消長，自然環境の刻々の変化の中で，遺存体の意味するものを読みとらなければならないことを強調するためにあえて図示した。
(Hum. d.: 上腕骨遠位端　Ul. p.: 尺骨近位端　Cal : 踵骨　Tib. d.: 脛骨遠位端　Rad. p.: 橈骨近位端
Ast.: 距骨)

観察や統計処理の技術的方法を述べる前にそれらに耐え得る資料とするための検討に力点がおかれてしまった。しかし，計測，観察，データ処理の項目は以前から出揃っているし，技術的問題はかなりのスピードで向上しつつある中で考古学者が常に踏みとどまるべき立地点は，それらの技術を，決して羅列的ではなく，歴史の再構成のためにどのように利用していくかではなかろうか。

そうなると結局，どのような遺跡のどの部分を発掘しているのかという認識と，層の細分をさらにおしすすめて，貝のみならず，1回に捨てた動物骨のまとまりをも見出そうとする眼をもちつつ（獣魚骨の場合は貝と同時に 同一集合内に含まれることはまれであろうし，貝層の最小単位の場合も，消費の単位〈家族など〉対廃棄単位が一対一対応のみならず一対多，多対一，多対多の場合があり得ることに注意

すべきだが）出土状況が表わす意味を逃さないことこそ考古学者としてのわれわれの行なうべき最大の任務ではないかと思われてくるのである。

註

1) 千葉県大倉南貝塚における金子浩昌による出土量表が，表化の基本スタイルを提示したといえる。金子浩昌・西村正衛「千葉県香取郡大倉南貝塚」古代，21・22 合併号，p.1〜47，1956

2) 牛沢百合子「縄文貝塚研究序説」どるめん，24・25，p.49〜74，1980

3) White, E. T. Observations on the butchering techniques of some aboriginal peoples, 1. *American Antiquity* 17（4）: 337〜338, 1952

A method of calculating the dietary percentage of various food animals utilized by aboriginal peoples. *American Antiquity* 19（2）: 160〜164, 1953

4) 林　謙作「宮城県浅部貝塚出土のシカ・イノシシ遺体」物質文化，15，1969

西本豊弘「オホーツク文化の生業について」物質文化，31，p.1〜12，1978

牛沢百合子「貝層形成と生業活動の対応」伊皿子貝塚遺跡，p.465〜469，1981

岡村道雄「里浜貝塚西畑地点の貝塚：残した集団とその季節的な生活」考古学ジャーナル，231，p.11，1984

林（1969），西本（1978）に食糧資源の中における依存度を計る目安としたにとどまるが，牛沢（1981），岡村（1984）は層や廃棄ブロックごとのカロリーたん白質量算出によりそれに依存する人類や小集団を想定している。

5) 松井　章「貝塚の情報性」縄文文化の研究，2生業，p.173，1983

6) White より以前は〔各部位の最大値×1/2〕で算出してしまう場合が多かったらしいが，White は左右や上・中・下端に分けた上，最大値を採っている。

7) 林　謙作「貝ノ花貝塚のシカ・イノシシ遺体」北方文化研究，13，p.75〜134，1980

林は前後左右の部位のバラツキや大きさによる個体推定を経て集団間の協業や共同祭祀を想定した。この優れた理論が実効を発揮するのはしかし具体的な個体識別が今後どの程度まで可能であるかということと，貝層をはずれて埋存し消滅した骨があるか否かの推定にかかっているといえよう。

8) Chaplin, R. E. *The Study of Animal Bones from Archaeological Sites*, Seminar Press, London ; 69・70, 1971

9) Ziegler, A. C. Inference from prehistoric faunal Remains, *An Addison-Wesley Module in Anthropology* No. 43, 1973

10) C. I. ＝Concentration Index は Willy and McGrmsey (1954) pp. 44〜48 で定義されたもので，層位を基準とし，層の体積（m³）で割ったもの。そのほか一定体積中に含まれる数字をそのまま使うものもある。これらには，サンプル量（体積）やサンプル数の問題が生ずる。

11) 理論は成り立つが，具体的有効手段は当時掲げるべきものがなかったようである。C_{14} による 1,000 年単位の例があるにすぎない。

12) Thomas, D. H, On distinguishing natural from cultural bones in Archaeological sites, *American Antiquity* 36 : 366〜371, 1971.

Hand-picking による骨のとりこぼしを防ぐためにスクリーン（6, 3, 1 mm）を利用。それぞれのスクリーンの因数は決まっているとして，どのスクリーンを使用したかを明示すれば，小さなユニットから全体の骨の総量を導き得るとした。おそらくこれは，種ごとの部位別同定を前提とせず，漠然と骨や貝の総量を算出しようとしたにすぎないのであろう。現在のわれわれの目的には役立たない。

13) 丹羽百合子「脊椎動物遺存体の分布密度」貝塚出土の動物遺体，貝塚博物館研究資料，3，p.51〜153，千葉市加曽利貝塚博物館友の会，1982

14) 稲田孝司「更新世哺乳動物遺体の産状と人類文化」考古学研究，31—2，p.18〜44，1984

15) Binford, L. R. *Bones—Ancient Men and Modern Myths*, Academic Press, p. 237, 1983

16) Binford, L. R. and Bertram, J. B. *Bone Frequencies—And Attritional Processes For Theory Building in Archaeology*, Academic Press : p.148, 1977

17) Brain, C. K. *The Hunters or the Hunted? An Introduction to African Cave Taphonomy*, Uni. of Chicago Press : p.11〜27, 1981

18) 金子・牛沢「亀井遺跡出土の動物遺存体」亀井遺跡，大阪文化財センター，p.183〜204, 1982

19) Nichol, R. K. and Wild, C. J. "Numbers of Individuals" in Faunal Analysis : The Decay of Fish Bone in Archaeological Sites, *Journal of Archaeological Science* 11 : 35〜51, 1984

これによれば，Krang (1968) の式 $N = L^2 + R^2/2p$（N＝the original number of pairs, L＝Left, R＝Right, p＝pairs）は有望であるが下顎骨だけでは規制が大きく，またサンプルサイズが充分大きくないと標準誤差が大きくなりすぎるとした。一方彼らは，〔i 遺跡の各部位の骨が N_i 個もともとあったとして，それが t_i 時間経る間に V_i の割合で破損するとき，残存する骨は $N_i e^{-V_i t_i}$ 個である〕という式をニュージーランドのいくつかの遺跡のマダイ頭骨の五部位にあてはめた場合，妥当したと報告している。

沖縄グスク時代の
文化と動物

■ 安里嗣淳
沖縄県教育委員会

1 はじめに

グスク時代とは沖縄地域における考古学上の時代区分であり，先土器（旧石器）時代および貝塚時代（大部分は新石器時代相当）に続く時代をさす。文献史学者の呼ぶところの「古琉球」の時代概念のほぼ前半に相当する。グスク時代以前のほとんどは原始社会として理解されているが，その終末期からグスク時代初期にかけての社会構成のとらえ方は，研究者によって必ずしも一様ではない。

グスク時代は概ね12世紀から15世紀の間を占めるものと考えられている。この時代の遺跡は主として琉球石灰岩の独立小丘，舌状丘突端，段丘縁微高地などに形成され，その多くは「○○グスク」という名称をもっている。この時代は内部的には農耕生産の定着，対外的には海外交渉，交易の展開の時代であり，このような条件下で按司（あじ）と呼ばれる地方豪族層の出現と琉球王国の形成が進行していった。

沖縄はいろいろな意味で地域性が強いといわれるのであるが，その多くはこのグスク時代に伝統の基礎が築かれたのではないかと思う。沖縄がかなりの主体性をもって海外へ展開し，環シナ海の中に独自の世界を創造した古琉球の時代を，ある種の郷愁に近い感慨でとらえる者もいるのである。古い集落の近くの丘に存在することの多い「○○グスク」が，どのように形成され，いかなる変遷を経たかという問いは，地域の人々にとっても今日なお身近な関心事であるといえる。

ところで，動物（遺骸）資料をとおしてこの時代を見ると，その前の時代と明らかな相違がある。これらによってグスク時代の一面を照射することも有効であり，かつ必要なことである。しかしながら先史遺跡に比べてグスクの発掘例が少なく，しかも自然遺物が不当に軽視されてきたこともあって，かなり限定された資料に頼らざるを得ない。

動物は人間社会にとって，大きく三つの関わり方をしてきたように思われる。ひとつは食料資源確保のための狩猟採取や増殖飼養の対象として，ひとつは道具，装身具，呪具などの加工品の素材として，あとのひとつは猟や運搬，耕耘などの労働を補助する役畜として扱われてきた。もとよりこの三つが動物の種や個体によって分けられるということでもなく，関わり方についても愛玩用など他にもあろう。以下上記の観点から沖縄先史時代の動物を概観し，グスク時代の動物との関わりを紹介していきたい。

2 沖縄の先史時代と動物

先土器（旧石器）時代 沖縄の珊瑚石灰岩地帯の洞穴や裂け目に更新世の動物遺骸，とくにシカの化石骨が埋没，付着していることが多い。その中に肢骨などの一端または両端を二叉状に加工したもの，角の一端をノミ刃状に加工したものがある。今のところ人工品はこの種のみで沖縄の先土器時代は骨器文化だといわれる。

しかしこのシカ骨製品とされるものに近年疑問を投げかける説もあり，これが非人工品ということになると，化石人骨の出土を除いて沖縄の「旧石器」時代は存立の基盤を失うこととなる。この疑問に応える論議はまだ十分にはなされてなく，製法，形態，使用法などの詳細な研究成果は未だ得られていないのが実情である。

貝塚時代 この時期の遺跡が海岸近くの丘や崖下，入江および砂丘に集中して分布していることに示されるように，食料資源のかなりの部分を海洋に依存したとみられる。もっとも沖縄諸島では小高い丘に登れば両側の海が望見できる程度の広さなので，あらゆる時代に海洋との関わりをもっている。縄文草創期からすでに潮間帯を中心とした海域を主な生業の場とし，遺跡には貝塚を形成している。

一方，陸生動物とくにイノシシ骨が大量に出土していることから，後背地における狩猟活動も比較的活発に展開されたようだ。この海陸両地域の自然への依存というパターンは貝塚時代全体を貫く基本的な傾向である。

ただし，縄文晩期相当の頃（沖縄中期）の遺跡から貝殻や骨などの動物遺存体がほとんど得られないか激減するという現象が生じている。資源の枯渇か，捨て場が別にあってまだ確認できないのか，あるいは赤土の中で溶解してしまうのか，今のところ不明である。ところがその次の弥生相当期（沖縄後期）には漁撈・狩猟活動が頂点に達するのである。大量の大型貝や魚骨，イノシシ骨が埋もれた広大な貝塚が海浜砂丘地遺跡に残されている。

加工品の素材としての動物の利用は，貝殻を用いた腕輪，スクレイパー，漁網用錘，匙，垂飾，鏃，容器などや骨製の錐，針，かんざし，垂飾，牙製腕輪などがある。なかにはサメ歯（イタチザメ）に孔を穿つものや，それを模した貝製品もあり，サメに対する特別の観念の存在を思わせる。動物素材利用で特徴的なものは，縄文後期頃は骨製装身具が，弥生相当期には貝製の容器や装身具が多いという傾向がある。とりわけ後者の時期からグスク時代直前にかけて，主にアンボンクロザメ貝を用いた貝札の流布や，腕輪の素材としてのゴホウラ貝の採取，九州への移出という装身具をめぐる大きな動きもみられる。

3 グスク時代と動物

グスク時代へと移行する前段に，これまで砂丘に展開してきた沖縄後期系文化は，その土器文化などを継承しつつ小高い丘の一帯に拠点を移すようになる。やがて北の系譜の滑石製石鍋や須恵器の影響も受けて全く異質の

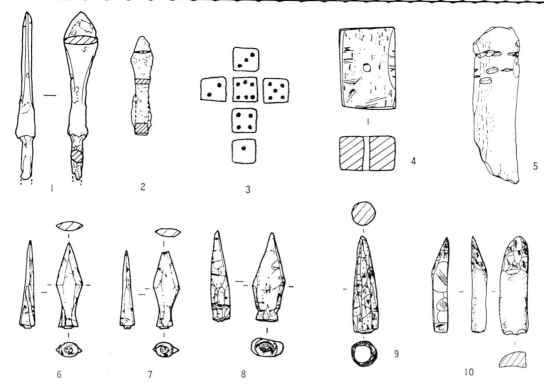

グスク時代の遺物（6〜8はジュゴンの肋骨製）
1・2：鉄鏃　3：賽　4：有孔骨器　5・10：刃物痕を有する骨　6〜9：鉄鏃を模した骨鏃
（1・3〜10：勝連城跡、2：佐敷グスク出土）

グスク土器の登場をみる。グスク時代の始まりである。この時代は貝塚もよく見られ、依然として伝統的な漁撈活動によって食料を補完するという側面を有するものの、多くのグスク遺跡で米麦などの炭化穀物が検出されており、農耕経済の段階へと展開していたことは確実である。そして動物についてもグスク時代はひとつの画期を迎えている。

牛の導入　牛の骨が少量ではあるが、ほとんどのグスク遺跡の発掘の場合にみられる。この時代には牛が導入され、グスク集団で飼養されていたとみてよい。沖縄における牧畜はグスク時代に始まるといわれているが、伊江島阿良貝塚の弥生時代（中期以降）相当期の層からウシの足骨が検出された例がある。多くの発掘例をもつ沖縄後期遺跡の中ではきわめて断片的で、1ヵ所のみの出土であり　このことをもって牧畜の開始とはみなし難いように思われる。今のところ農業と牧畜が本格化するのはグスク時代であるということは不動であろう。

牛は明らかに外部よりの移入であるが、その目的（用途）についてはいくつか考えられる。遺跡から出土する牛骨はひとつの部位が完全に揃っている例は少なく、その多くは裁断もしくは、破砕されている。金属器（斧、ナタの如き）によってできた刃物痕をもつ牛骨がしばしば見られる。このことは牛が食用にも供されたことを示すものと解されている。牛骨を素材として骨製品を作った例がほとんど無いことともあわせて、やはりこれらの刃物痕は調理に伴うものであろう。

一方、農業の定着という面をみるとき、役用としての牛の役割が想起される。とくにそのことを示す資料（例えばスキなどの存在）は未だ確認されていないが、足耕の可能性を説く意見もある。グスク時代の遺跡は内陸部にも多く分布しているが、これまで狩猟、採取の場であった地域を農業生産の場へと転換させ得たことが、内陸部への進出をもたらしたものと思われる。そしてそれを可能にしたのは鉄器の普及と牛などの役畜が主要な支えとなっていたからではなかろうか。

一方、グスク時代後半以降に相当する時期の琉球から中国への貢物の中に「牛皮」が含まれている。いかなるものかよくわからないが、文字通り牛皮だとすると、使役や食用の他に皮革原料としても利用されたのであろうか。

馬と中国への朝貢　馬は牛ほど一般的ではないが、グスク遺跡から出土することが知られている。1372年、琉球国中山王察度が明へ朝貢をしたのが沖縄と中国との公的貿易の始まりとされている。遺跡の出土品からみるとそれ以前の中国陶磁も少なくないので、私貿易の形による交渉は古くから開始されていたことが推察される。

公的交渉＝朝貢貿易における琉球側からの貢物の主流を占めたのは馬と硫黄および螺殻であった。その琉球馬

の末裔はわずかに現存するが，比較的小型である。朝貢関係の樹立時に馬を提供し得たのは，すでに馬の飼養が一般化していたことを示すのであろう。しかし馬の遺存体の出土はグスク遺跡から始まっているのであり，馬が導入されたのは朝貢開始期よりそう古く遡るものではないと考えられる。少なくとも先史時代には存在しない。

古琉球の時代に沖縄は日本，中国，東南アジアの世界を往来し，仲継貿易を展開したのであるが，仲継でない独自の産物たる馬もきわめて重要な役割を担っていたのである。そして朝貢の帰途は大量の陶磁器や鉄などを積載してきたのである。今，各地のグスクに埋もれているおびただしい量の中国陶磁がその一部である。

当時の牛と馬の絶対数は全く見当がつかないのであるが，1回ごとの朝貢に 40，20，16，4匹（頭）などの記録があり，一定しないが当初で 20 頭ほどから後に 10頭ほどに変わったようである。

鉄製武器とジュゴン　ジュゴンは近年ではあまり見かけないが，先史時代やグスク時代の遺跡からよく出土することからすると，以前は捕獲の機会が比較的多かったものと考えられる。しかし大量に出土するわけではないので，基本的には海岸への偶発的な「寄り物」であったのではなかろうか。

先史時代にはその肋骨が装身具などの素材として利用されている。グスク時代になると，これがかなり実用的な素材として活用されている。すなわち骨鏃である。骨鏃はジュゴンの肋骨を使用しており，その形態は鎬をつくるなど鉄製品の場合によく似ている。鉄鏃の絶対数の不足を補完するものとして製造されたものであろう。沖縄には先史時代のある時期に限ってチャートや黒曜石の鏃の使用がみられるが，その量はごくわずかである。弓射による狩猟法は主流にはなり得ずその後の伝統としては継承されていない。したがってグスク時代のジュゴン製骨鏃はあくまでも鉄鏃が先行形態であるとみるべきであろう。

ジュゴン製品とみられるものに勝連城跡出土の賽（サイ）がある。骨を六面体に切り取り，1〜6の数の凹みを刻んである。表裏の計が 7 にならない不規則なものもあるので，その実用の度合は必ずしも高くなかったかも知れない。

また後世のことになるが，ジュゴンが捕獲された場合，まず国王に献上すべきものとされていたようである。グスク時代にも特別の扱いを受けていたかは未詳である。

4　おわりに

グスク時代は依然としてイノシシ猟，漁，貝の採取を続けるなど，先史時代の食料獲得形態を保持しつつ，一方では米麦などの穀物栽培，牛馬の飼養という生産経済の基盤を固めていたことはこれまで紹介してきたとおりである。牛馬は海外交易とも深い関わりをもち，古琉球の社会を支える重要な役割を担っていたといえる。

ところでその他の動物，豚や家禽については資料が未だ十分ではない。先史時代には，いろいろな動物がもたらされた可能性が大きい。海洋に恵まれながら魚料理の種類に乏しく，豚肉料理が多様性に富んでいるという現代沖縄の食習慣は，この時代にその契機があったものと思う。

動物からみたグスクの世界というテーマは，今のところ発掘調査報告書における自然遺物の不当な軽視という，対象の側でなく研究主体の側の思いがけない壁によって，基礎情報そのものの入手が困難になっている。われわれが大いに反省し改善すべき課題である。

参 考 文 献

仲松弥秀「グシク考」沖縄文化，5，1961

嵩元政秀「グシクについての試論」琉大史学，創刊号，1969

友寄英一郎・嵩元政秀「フェンサ城貝塚調査概報」琉大法文学部紀要社会篇，13，1969

嵩元政秀「ヒニ城の調査報告」琉球文化財調査報告，1966

沖縄県教育委員会『ぐすく―グスク分布調査報告Ⅰ』1983

沖縄県教育委員会『稲福遺跡発掘調査報告書』1983

琉球政府文化財保護委員会『勝連城跡第一次発掘調査報告書』1965

琉球政府文化財保護委員会『勝連城跡第二次発掘調査報告書』1966

勝連町教育委員会『勝連城跡―本丸南側城壁修復に伴う遺構発掘調査報告―』1983

勝連町教育委員会『勝連城跡―南貝塚および二の丸北地点の発掘調査―』1984

今帰仁村教育委員会『今帰仁城跡発掘調査報告Ⅰ』1983

佐敷村教育委員会『佐敷グスク発掘調査報告』1980

東風平町教育委員会『八重瀬グスク調査略報』1979

沖縄考古学会編『石器時代の沖縄』新星図書，1978

東恩納寛惇「黎明期の海外交通史」『東恩納寛惇全集』第一書房，1941

小葉田淳『中世南島通交貿易史の研究』刀江書院，1939，1968 増補

高良倉吉『琉球の時代』筑摩書房，1980

名嘉正八郎・藤本英夫編『日本城郭大系　北海道・沖縄篇』新人物往来社，1980

沖縄県教育委員会『掘り出された沖縄の歴史―発掘調査 10 年の成果―』1982

江戸・鎌倉の街から出土した動物遺体

■ 金子浩昌
早稲田大学考古学研究室

中・近世遺跡の発掘資料中，動物遺体について注意されるようこなるのは，一部の資料を除いてはごく最近のことである。それは，鳥・獣・魚骨の場合それのみでは時代判定が難しく，かつ特殊な動物種の出土する可能性も乏しく　人骨のように研究者の目にとまる機会も少なかったからであろう。例えば多数の人骨を出土したことで知られる鎌倉市材木座の遺跡において，人骨と共伴したことから，その時代性が確認された ウマ の遺体を調べ，中世馬について報告したのはその稀な例で，その他 ニワトリ　イヌ，オオカミなどの調査例はあるが資料の数の上ではわずかなものであった。

これらは主として本州以南のことであったが，わが国北方圏においては，その中・近世遺跡では，アイヌの人人の生活遺跡が対象となることがあり，魚・鳥・獣類各種の動物遺体が含まれ，その調査によって，生活文化全般への考察のいとぐちを探るとい う試みも果されていた。中・近世考古学における動物遺体の研究は，北海道において一歩先んじていたといえよう。

このような状況から新たな転機に至るのは，一つには中・近世遺跡の大規模な発掘がはじまったこと，それが村落であれ，市街・都市であれ，様々な生活領域に関する調査が進められ，動物骨に相遇する機会が増加してきたからである。動物遺体もまたかなり保存よい状態で出土するようになった。北方圏においても，チャシ，館の調査が徹底して進められたし，一方南方圏においても，グスク整備中に発見された生活遺構では，日常利用した動物の遺体が数多く出土するようになる。

1 中世鎌倉の遺跡にみる動物遺体

現在の鎌倉市街地区の発掘により出土する，ほぼ 13〜14 世紀に属すると考えられる動物遺体の出土は多い。建造物跡，溝，井戸，土壙などの出土であるが，地点による違いが少なくない。

貝類：千葉地遺跡で 40 種近い種類が知られ，中にはヤコウガイなどのように工芸用の材料となった種類が含まれる。海岸に近いところから大型アワビ，サザエ，アカニシ，ハマグリが目立ち，とくにアカニシが多いのは面白い。ダンベイキサゴなど現在食用にされる率の高い貝が却って少ないのと対照的である。

魚類：種類ではマダイ，カツオ，マグロ類，カジキ類，ヒラメなど日本の代表魚がありながら 標本 は少なく，縄文時代貝塚の方がはるかに多い。中世漁業の実体をみる資料といえよう。

鳥類：ガン，カモ類，とくに大型種が主体である。狩の獲物と同時に，民衆の鳥猟もあったのであろう。ニワトリは大型のものがあるが数はガン，カモ類より乏しい。

獣骨：イノシン，シカの骨が多い。骨を割り，骨髄まで利用している。角や骨製品の材料となった シカ の中手・中足骨が極めて少ない。骨製品の割合が近世より高かったことを推測させる。

家畜にウマ，ウシをみるのが普通であるが，ウマの方がはるかに多い。その骨は割ったり，切られたり，イヌが骨端をかじったりしている。中・小型馬である。

イヌは八幡宮遺跡でとくに多かった。小型犬の大きい方，中型犬に近い。縄文犬より家畜化の進んだ顔つきであるが，現棲との中間に位置する。

イルカ類，小型のクジラ類の骨が目立った。骨は打ち割られ，脳髄も摘出されていた。

2 近世江戸の遺跡にみる動物遺体

葛西城址　葛西城址（青戸御殿）は東京都葛飾区青戸 7 丁目 21〜23 にあり，京成電鉄青砥駅から北方約 1km の地点になる。ここに環状 7 号線が通ることになり，その予定敷地内に濠址が検出された。濠を覆う土は Ma〜Mf まで 6 層に分けられた。

Ma：海抜 0m 前後，木片が散発的に出土

Mb：赤褐色砂層，水による酸化層

Mc：多量の木製品と瓦の破片が 出土する。御殿が廃されたときの層で明暦 3 年（1657）。

Md〜e：流れ込み層

Mf：ヘドロ質の最下層。多くの遺物を出土したが瓦の出土は少ない。

Mf 層の上部ではチョウナによる削り屑や古材が認められたが，葛西古城の取り払いを行なったという寛永 16 年あるいは 19 年（1639〜1642）に該当しよう。ここでの将軍鷹狩についての模様は，『徳川実紀』に詳しく，上述した濠からは，それを裏づける鳥骨が出土している。

動物骨の多くは別図にみるように，発掘によって検出された橋脚の直下からと，若干東寄りの方向で発見されている。濠から出土した動物の多くが，ほぼ同じ条件で，人意的に投げ込まれていたということになる。このことは，濠中の動物の性格を考える時に最も重要な所見であって，このことから，葛西城址において少なからず出土したイヌ・ネコ，カラスなど鳥猟とは直接関係のない動物の意義が考えられてくることになる。つまり，これらは自然死したものではなく，人によって投げ込まれたらしいこと，そしてその出土状態は一見ばらばらではあったが，肢骨の前後，左右などは揃っていたらしいことが判明した。さらに骨を子細に検すると，鋭い金属刃物による切痕があり，これらの動物が切り殺され，かつ四肢を解体されたのちに投げ込まれたことがわかる。このような行為が，肉をとることを目的としたことはいうまでもなく，かつそれが鷹の餌とされたことも容易に考えられよう。最も多く殺されていたのがイヌであり，大型のものが多かったのは，そのような個体がえらばれて

葛西城址出土の魚・鳥・獣類遺骸の推定される最小個体数

種　名	ボラ	マグロ	スズキ	マダイ	クロダイ	マフグ	アンコウ	ウミガメ	イシガメ	スッポン	ニワトリ	キジ	キジバト	ウ	コガモ
最小個体数	1	1	3	2	7	2	1	1	1	4	11	3	1	13	2
％	0.7	0.7	2.0	1.4	4.8	1.4	0.7	0.7	0.7	2.7	7.5	2.0	0.7	8.8	1.4
種　名	カモ	ヒシクイガ	アオサギ	サギ	カラス	ドブネズミ	タヌキ	キツネ	イヌ	ネコ	ウマ	イノシシ	シカ	ウシ	
最小個体数	5	13	3	1	13	2	4	2	20(1)	7	9	6	7	2	
％	3.4	8.8	2.0	0.7	8.8	1.4	2.7	1.4	13.6	4.8	6.1	4.1	4.8	1.4	

この数値は第3次昭和49年度の調査結果であるが，この他に第2次調査昭和48年度においてもこれと性格を同じくする動物遺体が出土している。その時にカラス，イヌがとくに多かった。さらにこれ以後の発掘で，クマタカ，ハクチョウ，タンチョウなども出土しているが未報告である。

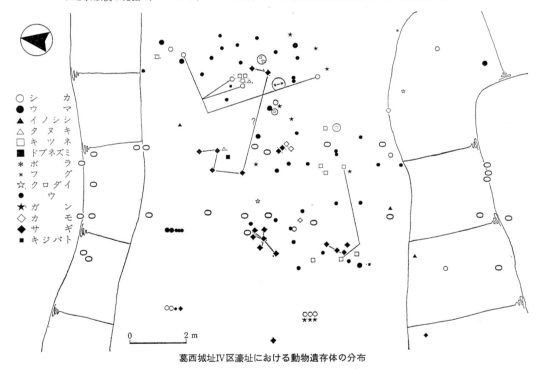

葛西城址Ⅳ区濠址における動物遺存体の分布

いたのであろう。このためのイヌが村や町でかり集められたことは文献にも記されているし，また百姓に犬飼育が強制されたことがあった。こうした事実の文献学的な研究は塚本学氏の業績にみることができる。

動坂遺跡　場所は東京都文京区本駒込の武蔵野台東端にあたり，上野不忍池から開析する谷——根津台——の奥まったところに位置する。昭和50年都立駒込病院の外構工事中に縄文時代貝塚が発見され，これの調査にともない，江戸から明治時代にかけての遺構・遺物が発見された。

この時代の遺構は，地下室8基，土壙46基，溝4などであるが，そのうち江戸時代遺物は土壙からの出土が多く，陶磁器，土製玩具，種々の金属製品，塗漆製品，ガラス瓶など多くの日常生活の品物が出土した。それらとともに貝類，魚・鳥・獣類の骨が出土したが，貝類や鳥骨がとくに多かった。

鳥骨には多数のスズメとハト類，それにサギ類，ガン，カラスなどがあった。先にのべた葛西城の鳥とはまた違った組み合わせである。ところが遺跡の周囲が，江戸時代の中頃から御鷹匠同心組屋敷の置かれていたことが明らかになり，これが幕末までつづいていた。『府内場末沿革図書』（享保6年，1721）によると，発掘地点は鷹匠深沢治助，北原加兵衛，沢七郎右衛門らの住居の一部であったらしい。今回発掘された地下室，土壙など

の一部は　この鷹匠同心の住居に伴うものであったと思われる。とすれば，出土したスズメやハトは鷹の餌として使われたものの残骸ということになる。

明治時代になお残っていた東京内藤新宿の御料地での御鷹部屋では，餌を日に三度，夜一度，朝と午時には雀2羽，鳩1羽，夕には雀3羽，夜も同じ数与えた。餌は鷹の目前で，首，両翼，両足を切りはなして与えた。こうしないと鷹は如何に空腹でも食べなかったという。

他に多数の貝が出土している。この遺跡からは，別に縄文時代中期のマガキを主としてヤマトシジミ，ハマグリを含む貝層が発見されている。貝は江戸時代以後の土壌からも出土している。江戸時代の方ではマガキはほとんどなく　ヤマトシジミも多くはなく，ハマグリが主でアサリも多い。シジミが意外に少ないのは面白い。そして，縄文貝塚には全くないサザエ，アカガイが江戸期には少量ながらある。商品として売られていたのであろうが，その数の少ないことは，やはり高価だったからであろう。今も昔も変わりない街の庶民生活の一駒である。

都立一橋高校地点　昭和50年都立一橋高校の校舎改築工事中に発見される。東京都千代田区東神田1—12—13である。工事中多数の人骨が出土したことが発見の端緒であって，江戸時代初めから今日に至るまでの4mに達する堆積層であった。

発掘以前にすでに除去されていた土を別にして，地表下2mの深さに瓦礫の多い焼土層がある。関東大震災そしてそれにつづく第二次大戦時の空襲による火災の層である。さらに下に5枚の土層があった。

I層：ごみため，土壌
II層：建物，土蔵建物の基礎，穴蔵，ごみためなど。18世紀中葉，江戸中期の町屋のあと。
III層：並列する墓域の石組，棺桶群，井戸址，穴蔵，流し場跡がある。上層が町屋跡で，下層は墓地となっている部分がある。
IV層：明暦2（1656），寛文5（1665）という年号に挟まれた年代の層で，明暦3年（1657）1月の大火による焼土層がある。
V層：17世紀中頃以前江戸初期。

一橋高校地点出土の動物の多くは，上記の江戸中期のII〜III層に出土している。

魚類はノノザメ類，マイワシ，スズキ，ブリ，コショウダイ，マダイ，マグロ類，カツオ，フグ類，コチ，ヒラメなどで，ブリ，マダイ，マグロが多い。内蔵骨といわれる頭部の骨が多い。マグロだけ脊椎骨が腹椎から尾椎まで出土していた。刃物による切痕がはっきりみられ，料理されたあとをみせている。マグロは上・下顎骨，鰓蓋の部分がそっくり出土していた。おそらく頭部がそっくり埋まっていたのであろう。フグは少ない。どの魚も江戸の町の人にとって馴染みのものだったろう。魚の頭の部分などが多いのは，当時の魚河岸にも近かったからであろうか。

鳥類はウ，サギ類，ハクチョウ，ガン，ヒシクイ類，カモ，ニワトリ，カラスがある。葛西城でたくさん出土していたウは，やはり街中では縁のない鳥。ガン，ヒシクイが多い。隅田川べりで，ガンの無双網がさかんに掛けられ捕えられたらしい。それを職とするような人の家がこの近くにもあったのかも知れない。ニワトリと思われる骨もあるが，ガンに比べると少なく，当時でもこれを飼ったり，食べたりする習慣は一般的ではなかったようである。

獣類はニホンザル，ドブネズミ，ノウサギ，クジラ類，イヌ，ネコ，ツキノワグマ，ニホンジカ，ウマがある。街中の遺跡としてはいろいろな種類が出土している。もっとも多いのはイヌである。一部を除いてばらばらの出土である。大型，中型，矮小犬と大きさもさまざまである。大型犬は稀で，中型犬が普通。江戸の街にはかなり犬のいたことがこれからも推測される。骨の成育でみると，若い個体も幼犬もいる。ばらばらで出土するのは食べられたものもあったのであろう。

塚本学氏は明暦3年（1657）大火以前の様子を『落穂集』の記録からのべられている。当時町には犬が少なかった。なぜかといえば「犬に増りたる物は無と之如く有之に付，各夕向になり候へば見掛け次第に打ちころし，賞翫仕る」からだというのである。しかし，これ以後，犬愛護令が出ていくなかで，江戸の街は実際はどのようであったのか，一橋遺跡はその実情を伝えよう。

矮小犬としてテリヤタイプの小型犬が2個体，これはほぼ全身骨をそろえて埋葬されたものである。おそらく愛玩用として特別に飼われていたのであろう。

サル，クマがあり，クマは脊柱がほとんど残り，左右の下顎骨がある。これも解体されて，その残りなのであろう。寛骨には刃物の切り傷がたくさんついていた。シカ，クマなど獣骨の出土は少ないが，このように出土するのは，肉食への嗜好がやみ難くあったからであろう。

以上，江戸時代の3つの遺跡についてのべた。はじめに将軍鷹狩の陣屋における鷹の餌となった獣たちのことを，次に江戸市中におけるこれも鷹匠屋敷の中での鷹の餌となった動物——ここでは小鳥であった——のこと，それは市中と郊外の違いでもあり，猟場と調教の違いであり，また下級武士の市井の生活でもあった。そして3つめは江戸中期の町人たちの生活の中にみた動物で，全身骨を揃えた愛玩犬とそうでない犬のあったこと，各種類の魚が食膳をにぎわしたが，庭の穴にかたまっていたドブネズミ42匹分の骨も見逃すことができない。

参考文献

金子浩昌・秋山富美子「動物遺跡出土の動物遺体」文京区動物遺跡，動坂貝塚調査会，1978

金子浩昌「一橋高校地点出土の脊椎動物遺体」同上

金子浩昌「葛西城址IV，V区濠出土の動物遺体」青戸・葛西城址調査報告，III，1975

塚本　学『生類をめぐる政治』元禄のフォークロア，平凡社，1983

古泉　弘『江戸を掘る』柏書房，1983

動物遺存体の取り扱いと保存処置

■ 宮沢健二
群馬県埋蔵文化財調査事業団

発掘調査において出土する遺物には，人工的な諸遺物と，自然的な諸遺物（これにも人により運ばれたり，加工されているものもあるし，純然たる自然堆積——種子・花粉・流木——のものもある）に大別される。いずれの場合も，遺跡から出土する場合は，原型を保つ例はむしろ少なく，また外的な条件あるいは長年月のために元々の質を失ない脆弱化していることが多い。発掘に当っては，それぞれの質に応じた保存の処置を講じて，両者相まった科学的な調査，探求が行なわれなくてはならないはずである。

1 土壌中における動物遺存体の保存性

日本の土壌の特質として，まず日本列島は南北に細長い弧状をなし，それぞれの地域において環境条件が異なる。気候的には大陸型と海洋型の気候の影響を受け，地質学的分類からいう洪積層土壌であり，発掘調査の範疇からいってその対象となる土壌は，一般的にローム土壌を母材としてその上層を地域的な差異はあるが火山灰が覆い，さらにその上層として有機質（腐植）による黒土といった平行不整合層位を形造っている。

そして日本の土壌の特質として，一部石灰岩地域を除いては全体的に酸性土壌が広く覆っている。酸性土壌の成因については，土壌母材，土壌有機物，土壌吸着能などの各要素と粘度腐植複合体（コロイド）などが関与している。

土壌中にはいくらかの塩基 Ca^{++}, Mg^{++}, Na^+, K^+, H^+ を保持している陽イオン交換容量 Cation exchange capacity, CEC があって，この陽イオンが土壌中で保持されている状態では，土壌は中性を呈する。しかし降雨量の多い地域ではこのバランスが崩れ，土壌中の塩基が溶脱され，代わりに土コロイドに H^+ 水素イオンが吸着されて，水素イオンは遊離水素イオンとして保持され，この遊離水素イオンが水中に溶解されると酸性を呈する。これに関しては1800年代の中頃にイギリスのトンプソンとスペンスの行なった実験が有名である。

酸性土壌中での動物遺存体の保存性については渡辺直経氏[1),2)]と田辺義一氏[3)]らの報告がある。この報告によれば，土壌中における骨類の存在は，酸性土壌に比べ塩基性土壌の方が有利であると述べている。骨の化学的組織である燐灰石 Apatite=$3Ca_3(PO_4)_2\cdot CaX_2$ (X_2 は塩基で F, Cl, OH など) で，酸性溶液中では容易に溶解されやすく，酸性土壌における骨の保存には無機組織のみならず，骨硬蛋白 Ossein などの有機組織の分解もその要因となる。

骨の有機組織は主に土壌微生物などにより分解され，その分解機構として中性および塩基性土壌では細菌の外糸状菌により起こりうるが，最も細菌の活性が促進される状態として，中性か弱塩基性の場合に活発となる。またこの微生物の作用が Ossein のみならず，骨類の表面，骨髄，管状組織に存在する脂肪，蛋白質，糖類の分解により生成する有機酸，無機酸などが骨類の無機組織 Apatite の溶解の促進に大きく関わっていると述べる。

さらに渡辺氏はこの報告の中で，貝塚の存在についても詳しく述べ，ある程度規模の大きい貝層中では，貝殻の化学的成分である炭酸カルシウム $CaCO_3$ は CO_2 を含んだ弱酸性の雨水などと反応して，水酸化カルシウム $Ca(HCO_3)_2$ となって溶解する。

厚く堆積している貝殻の貝層上部は上記のような化学的変化を受ける。$CaCO_3$ は比較的溶解されやすく，貝層下部においては，貝層上部から下部へ浸透する水が，上部の $Ca(HCO_3)_2$ で飽和され，下層に達しても貝殻類は溶解されにくく，このことが主に酸性土壌中における貝塚の存立要因としてあげられる。

表1は渡辺直経氏[2)]が行なった姥山貝塚の pH と置換酸度を示すものであり，これに示された遺跡の pH は下層ほど中性域に近づいている。

表 1　姥山貝塚における pH（註2）による）

深さ cm		pH	置換酸度	置 換 性 Ca	
				第1回浸液	第2回浸液
60	貝層上部	8.05	1.0	358.8	164.0
80	貝層	8.14	1.3	594.5	164.0
110	貝層下土層	8.07	1.5	584.3	143.5

図1は大国勉氏[4)]が行なった各時代の人間の歯の有機物含有量を，示差熱分析および熱天秤分析により示した値である。土壌中の永い年月の経過により，有機質成分は分解されてしまう。氏は歯に含まれる有機質成分の減少とは逆に，無機質成分であるカルシウムの増加現象についても触れ，カルシウム増加の要因として，土壌中での永年変化（有機質成分の分解）での歯の無機質化傾向について指摘している。

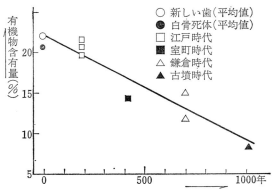

図 1　歯の各年代別有機物含有量（註4）による）

以上，土壌中における動物遺存体の保存性について概略を述べたが，その存立には，遺存体を包含する土壌の特質や埋蔵環境，微生物の働きや土壌の湿潤性などの物理化学的要因が複雑にからみ合っている。さらに動物遺存体の土壌中の存立状態などから，その埋蔵されていた環境などが推意され，動物遺存体自身の履歴的現象的なども知ることができ，地中からわれわれに語りかける物証的な個本であるといえよう。

2 発掘調査中の動物遺存体への対応

　古人骨を含めた動物遺存体の対応などについては，すでに小片保氏[5]，樋口清治・青木繁夫氏[6]，森本岩太郎氏[7]らの報告があり，とくに小片，森本氏は古人骨の取り扱いについて具体的に述べている。一方，樋口・青木両氏は古人骨を含めた脆弱な考古遺物・文化財などの具体的な保存科学の見地から報告を行なっている。

　発掘調査中において動物遺存体が出土した場合，他の人工遺物と同じく，基本的な取り扱いとしては，発見→記録（実測・写真撮影）→保存処置（補強）→取り上げ→調整（接合・復元）→鑑定→保管および展示，といった連続的な工程で処理される。しかし動物遺存体のほとんど（特殊な埋蔵環境に存在していたものを除いて）は脆弱化していて，上記の工程が必ずしもスムーズに行なわれないのが現状である。

　それまで土壌中に埋没し，緩やかな分解変質を繰り返してきた遺物が，発掘調査により外界と触れることによって急激な物理的変化が生じる。その最も特徴的な例として，埋没中に土壌成分である Mn^{2+}, Fe^{2+} などが Apatite と化学的結合し，それらが大気と直接触れることにより急激な酸化作用を呈し，変色したりする Vivianite，藍鉄鉱などが知られている。また遺物に含まれる水分の蒸発により，遺物表層部と内部に含水率の差が生じ，表面張力の働きも作用して遺物表層部の剥離などが起こるのである。

3 発見および表出時の注意

　遺物の表出に際しては，図2のような形で遺物の底部からやや掘り下げ，地山の上に遺物が載る状態で行ない，土壌中の水分の浸透をできるだけ防ぎ，均一な状態で遺物を自然乾燥させるよう心がける。

　遺物はぬれてかなり脆弱化しているため，表出に際しては慎重にまた丁寧に泥を取り除かなければならない。とくに関接部は構造が複雑なため，泥の除去作業に際しては注意を要する。

　表出時の道具として竹串，竹ベラ，スパーテュラ（薬や絵具などをのばすのに使う薄いヘラ），ピンセット，木綿針，彫刻刀，それに数種類のハケなどを用意したい。

4 記録上の注意

　実測図は表出後できるだけ早く行なうべきで，全体露出に時間のかかることがあるが，この場合にはとくに既発掘部分を保護する配慮が必要である。骨片，その他共伴遺物などの分布も詳しく記入し，さらに墓址ならば，その埋葬形態などの把握も重要である。また遺物の垂直分布や水平分布を確認することも重要であり，土層の記入も忘れてはならない。

　写真撮影は，その写実的記録の効果を生かし，無駄のない程度に多方面から撮影すること，その時スケールを必ず置くことが動植物遺存体の撮影には肝要である。

5 保存処理および補強

　動物遺存体の保存（補強），取り上げに際して注意しなければならないことは，遺物自体が非常に脆弱化しており，多量の水分を含んでいることである。この特質にどう対拠するか，いかに補強し保存するかが大変困難な問題といえよう。現在のところ，すべての条件（簡単に取り扱え，遺物も補強でき，なおかつ遺物に対して，処理後も悪影響を及ぼさない，恒久的な保存が可能な薬品で，再処理可能なもの）を満たす薬品類はないといえる。しかし遺物の出土した状態に応じて，いくつか使用可能な薬品材料が考えられるのでここに紹介したい。

　パラフィン（融点 mp 60℃）　扱いやすいことからしばしば使われるが，その浸透が充分でないと，表面に膜をつくるのみで効果はない。また表面に土がのこっていると，後の処理が大変である。パラフィンは人骨のように，その部位が明らかで，その補強のために使用する場合はよいが，獣骨の場合，形態の調査は場合によっては人骨より複雑である。パラフィンによる不用意な固化は貴重な資料をかえって破壊することにもなりかねない。

　アクリル系合成樹脂—パラロイド B-72＜商品名＞—ビーズ状の無色透明の樹脂。これを有機溶キシレン，トルエンなどに溶解して使用する。有機溶剤（火気には充分注意すること）は薬局などで 500 ml 入りで販売している。

　有機溶剤は大きめのコーヒー空びんに入れて溶解（蓋は金属性のもの）する。これをステンレス製容器内に入れ，骨をたっぷりひたし，一昼夜おく。それをゆっくり乾かす。その間他のものにつかぬよう注意する。

$$\left\{\begin{array}{l}\text{パラロイド B-72} \quad 15\sim20\,g \\ \text{有機溶剤} \quad\quad\quad 80\sim85\,g\end{array}\right\} W/\% \left.\begin{array}{l}\text{この溶液を}\\ \text{使う}\end{array}\right.$$

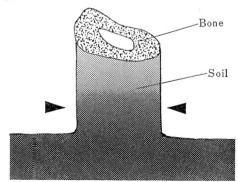

図2　遺物の表出
土柱状にし地下水の浸透を防ぐとともに骨を均一に乾燥させる。パラロイド B-72 を骨と土に塗布し硬化後矢印の部分からカットする。この際に土は硬化し補強材の働きをする。後処理で溶剤により溶解させ取り除く。

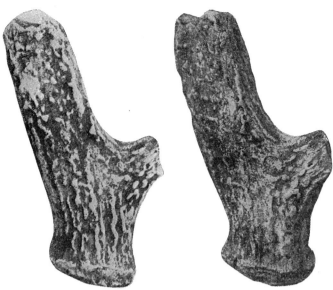

図3 パラロイド B-72 による処理（渋川市関越自動車道有馬条里遺跡出土の雄鹿角） 左は処理前，右はパラロイド B-72 の 15% キシレン溶液を減圧含浸させたもの。

パラロイド溶液は 15〜20% のものを使うことになる。
※バインダー 17・18 より分散性あり，光沢も少なく，よく浸透する。
※現場作業中で，湿っている場合は少し乾いたあとがよい。かなり湿っているときはアルコール，アセトン 1：1 の混合液をぬり，水分をとるとよい。そして溶剤をぬり，とりあげた後さらに 2〜3 回ぬるとよい。25℃で約 6〜12 時間で硬化する。
※現場での湿性が著しい場合は，まず硬質発泡ウレタンフォームで包み取る。これは 2 液性の溶体で，一定割合採り，激しく撹拌すると発泡する。反応は常温，常圧下で進行する。

```
商品名　パラロイドB-72
製造：USA, Rohm and Haas Co.
日本代理店：ロムアンドハースジャパン社と三洋貿易社が
　輸入
販売：旭化学合成株式会社戸田工場（埼玉県戸田市中町
　2－18－10，Tel. 0484-41-5623）価格は戸田工場に
　問い合わせてほしい。10kg 単位で販売。
商品名　ソフラン-R
東洋ゴム工業KKなどで 20kg 箱で市販
製造：東洋ゴム工業明石工場（兵庫県加古郡稲美町六分一
　字相ノ山 1209，Tel. 0794975-1421）
```

最後になったが，本文を草するに当り資料について種種便宜を図って下さった群馬県埋文事業団巾隆之，須田努，小林裕二の諸氏，そして図面作成に助言をいただいた青木静江，須田幸子の皆様方に厚く御礼申し上げる。また種々ご教示いただいた早稲田大学の金子浩昌先生に感謝の意を表する次第である。

<追　記>
低湿性遺跡出土の骨歯牙類のひび割れの防止について　低湿性が強いほど，そこから出土した骨類は乾燥後のひび割れは著しい。わずかなひび割れ，あるいは一見ひび割れがみられない標本も安心できない。上記のパラロイド B-72 の溶剤にひたして処理しておくのがよい。
　とくに歯牙は骨よりも複雑な組織をもち，破壊の進行がいろいろな形でみられる。例えばイノシシの犬歯のエナメル質の剥離，破壊はほとんど手のほどこしようがない。製品についてももちろんいえる。同じ処理をして防止してほしい。

木工用ボンドの塗布と浸透　文具店その他で手近に入手できるものであり，水で適当にうすめてぬる。数％から次第に濃いのを重ねていくのがよい。決して強い補強用材ではないので，短時間で取り上げ可能になることはない。この点はくれぐれも注意を要する。乾かしてはまたぬる作業をくり返す。ウマやウシの頭蓋を取り上げたこともあり，ウマの左右上顎歯が歯の列だけになってのこっているものを，ボンドの補強のみでも取り上げることができる。なお木工用ボンドは紫外線などにより影響を受けやすく処理後注意を要する。
　ところで，どのような補強剤を使ったとしても最終的な取り上げは慎重に行ないたい。その場所でていねいに骨をガーゼなどでくるみ，糸でしばる。その後で取り上げる。骨に対する思いやりがなければ，どんな方法をとっても破壊につながってしまうことを心すべきである。

（金子浩昌）

引用および参考文献
1) 渡辺直経「明石西郊含化石層に於ける骨の保存可能性」人類学雑誌，61—4, 1950
2) 渡辺直経「遺跡に於ける骨類の保存」人類学雑誌，61—2, 1950
3) 田辺義一「先史時代骨類の化学的一考察」人類学雑誌，61—4, 1950
4) 大国　勉「死後経過に伴う歯の物理化学的変化に関する研究」歯科学報，174—9, 1974
5) 小片　保「人骨の研究」考古学ジャーナル，80, 1973
6) 樋口清治・青木繁夫「遺構の取り上げ保存」保存科学，15, 1976
7) 森本岩太郎「人骨の分析」考古学調査・研究ハンドブックス，2, 1984
8) 森　八郎「藤原氏遺体の動物学的研究の調査とその保存措置」慶応大学三田学会誌，1—1, 1956
9) 小片　保「石器時代貝塚中の細菌について」人類学雑誌，61—4, 1950
10) 直良信夫「哺乳類の研究法」考古学ジャーナル，80, 1973

群集する土壙
台地の東斜面からフラスコ状，袋状の土壙が群集して発見された。底面で重複するものも多い

縄文前期の大土壙群
山形県吹浦遺跡

国道7号線吹浦バイパスの建設に伴って調査が続けられている山形県飽海郡遊佐町の吹浦遺跡で，縄文時代前期末葉のフラスコ状土壙が群集して発見された。出土した縄文土器は東北南部の大木6式に加えて，東北北部の円筒下層d式や，関東および北陸地方の影響を受けたものも少なくない。このほか，9世紀代の，南北21m，東西7.5mという大きな掘立柱建物跡も発見された。

　　　　　　　構　成／渋谷孝雄
　　　　　　　写真提供／山形県教育委員会

フラスコ状土壙の堆積状況
この土壙は地山の崩落がほとんどみられない。原形がよく保たれている数少ない土壙である。確認面からの深さは170cm。

竪穴住居跡
この住居跡は4軒が重複し，最も新しい住居跡に42個体の土器の廃棄が認められた

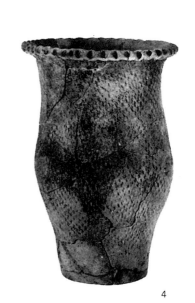

山形県吹浦遺跡

1・2は地文に多軸絡条体や木目状撚糸文が施される土器で、胎土には繊維が含まれている。円筒下層d式の影響を受けたものと考えられる。今回の調査で出土した土器は厚手で繊維を含むものが多い。3・4は大木6式の範ちゅうで捉えられよう。5・6は関東の十三菩提式や北陸の福浦上層式、朝日下層式の影響を受けた土器である。5は口縁の山形の突起を頭、頸部の橋状把手を耳に、そして胴部正面の突起を鼻、渦文を目に見立てるなど人面を表現したものとも見受けられる。なお3～6は繊維を含まない。

縮小は1/6、ただし6のみ1/4

炭化した栗
住居跡や土壙の堆積土からは炭化したクリが出土した。これは土壙の最上部の堆積土から層を成して出土した。(原寸大)

墳丘全景（北から）

6世紀前半の前方後円墳
京都府物集女車塚古墳

構　成／宮原晋一
写真提供／向日市教育委員会

向日市教育委員会は整備計画にそなえて1983年と84年の2年にわたり，向日市物集女車塚古墳の発掘調査を行なった。1段目は自然地形を利用して削り出し，2段目を盛土とする2段築成の前方後円墳であり，テラスには埴輪列と簡略化された葺石を施している。主体部は，山城地域では古式の片袖式横穴式石室である。盗掘を受けているが，石室構造や石棺などに多くの知見を得，中でも閉塞工程が明らかになった意義は大きい。内容の明らかになった6世紀前半の前方後円墳として，今後標式的位置を占めることになろう。

前庭部埋土

閉塞石

玄室奥壁

排水溝

組合せ式家形石棺

玄室前壁

京都府物集女車塚古墳

組合せ式用途不明石材

●最近の発掘から

縄文前期のフラスコ状土壙群──山形県吹浦遺跡

渋 谷 孝 雄　山形県教育委員会

1　はじめに

　吹浦遺跡は山形県の最北端，秋田県との県境に近い遊佐町大字吹浦に所在する県内では唯一の貝塚を伴う遺跡である。遺跡の北東には「出羽富士」とも呼ばれる秀麗な鳥海山がそびえ，そのなだらかな西斜面は日本海へと続いている。遺跡は鳥海山の西裾のひとつが半島状となって南方に突出した標高 5～16m の泥流台地上に立地し，現在の海岸線から約 500m 内陸部に入った 所に位置する。

　遺跡は 1919 年に長谷部言人博士によって試掘を含む踏査が行なわれ，「羽後吹浦一本木貝塚」と題して『人類学雑誌』に報告[1]されたことによって，中央の学界にも知られるようになった。この試掘地点では，ニホンシジミを中心とする 14 種の貝類と鳥獣魚骨，蟹爪，土器片などを含む貝層が検出されている。

　1951 年から 1953 年にかけて，本県での科学としての考古学の出発点として学史に残る発掘調査が，致道博物館が主体となり，柏倉亮吉氏らの指導によって行なわれた[2]。この調査では，洞窟，竪穴住居跡，壙坑（フラスコ状土壙）などが発見され，洞窟や竪穴住居跡内の堆積土にはヤマトシジミを中心とする小貝塚が形成されていることが明らかになった。また，その出土した土器は東北の南と北の文化が融合した特色をもつことから「吹浦式土器」が提唱され，広く学界に知られることとなり，この調査地区は 1955 年に山形県の史跡に指定されて現在に至っている。

　1970 年代の後半から，この地に国道 7 号線吹浦バイパスの建設計画が起こり，山形県教育委員会では，指定地区を除外するなどの対応をとってきたが，遺跡の東半部がなお路線内にかかることになったため，建設省と協議のうえ　1983 年から 3 ヵ年計画で発掘調査を実施する運びとなった。

2　調査の概要

　1983 年の第 1 次緊急発掘調査 は 6 月 6 日から 9 月 30 日までの延べ 76 日間，2 次にあたる 1984 年には 6 月 11 日から 10 月 9 日まで延べ 79 日間の調査を実施してきた。調査面積は 1 次，2 次を通じて，約 3,600m² であるが，平安時代と縄文時代の遺構が重複する部分が多く，そのうちの約 800m² の縄文遺構の精査は未了となって

いる。引き続き 1985 年に第 3 次調査を予定している。

　検出遺構を中心とする第 1 次緊急発掘調査の報告書はすでに刊行し[3]，現在 2 次の報告書も作成中である。とくに遺物の検討を含めた総括的な報告書は 1986 年に刊行する予定である。現在，その整理を行なっているが，明らかになった主な成果を紹介し，あわせて今後の課題を述べることにする。

3　縄文時代の遺構と遺物

　縄文時代では竪穴住居跡 8 軒，土壙 178 基が検出された。土壙のうち，フラスコ状ないしは袋状となるものが 100 基を越えている。調査区の北部の約 700m² を除いて平安時代の遺構と重複し，とくに後述する掘立柱建物跡 SB 420 付近では平安時代の整地によって大規模な撹乱を受けている。このため，壁の立上りの浅い竪穴住居跡は床面まで撹乱されたものも多かったと思われ，地床炉とみられる焼土も数カ所で検出されている。

　本遺跡の特色をなすフラスコ状土壙は東端から東斜面にかかる緩傾斜地に群集し，底面付近で重複するものも少なくはない。大半は地山の固い粘土層を掘り抜いて，底面はその下位の細砂層に達し，雨水も浸透する構造となっている。底面は平坦で，地山の粘土層と細砂層の所々に含まれる巨大な礫の影響もあってか，底面のプランは円形を基調としながらも，相当不規則なものも多い。形よりも容量が優先していたことをうかがわせる。規模は底径が 1m 前後のものから 3m 前後のものまであるが，1.5～2m 前後のものが多い。確認面からの深さは，袋状のもので 0.4～0.8m，フラスコ状のものは 0.8m から 2m 前後となる。これらの土壙は，そのほとんどが，壁の崩壊土や，焼土粒，炭化物，それに土器などを含むいわゆる生活排土がレンズ状に堆積している。

　この種の土壙が堅果類や根茎類の貯蔵穴としての性格をもつことに疑いの余地はなくなってきている[4]が，本遺跡の土壙の底面付近から，これらの遺物がまとまって出土した例はない。しかし，いわゆる tool とされる石器 1,421 点のうち，植物質食料の処理に使われたとみられる磨石が 918 点，実に 65％ という高い比率を占めることと，多数のフラスコ状土壙の存在が符合する事実は注目してよい。

　さて，前回の調査によって出土した土器は報告者の柏

81

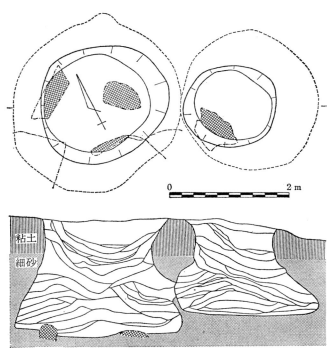
フラスコ状土壙（格子目は地山の礫）

倉亮吉，江坂輝彌氏によって「吹浦式土器」の名称が与えられたのであるが，この大木系と円筒系の融合した文化を強調するために生まれた「吹浦式土器」は，円筒状の底部がつき，体部が球形に張り出す土器を指して「吹浦式」とする誤解も生じた。しかし，その後，調査者であった柏倉亮吉，加藤稔氏らは「吹浦式」は型式論上，大木5b，大木6，大木7aの古型式（糖塚式）の3型式に区分すべきものであることを明らかにし，それが融合型式であるかの問題はそのうえで厳密に行なうべきであった，との反省の立場に立った見解を述べ[5]，報告書でいう「吹浦式」は再検討を余儀なくされることとなった。さらに保角里志氏の融合型式を否定する論[6]，小笠原好彦氏の器形と文様との組み合わせの相異にもとづく分析があり[7]，これらを整理検討した阿部明彦氏によって，つぎのような結論が示された[8]。

①吹浦遺跡の土器は少なくとも3型式を含み，器形は3系列からなること。
②全般的に大木式の要素が強く感じられ，少なくとも円筒式が主体を占める時期はない。
③いわゆる融合折衷は各段階で認められるが，その盛行する時期は円筒下層d式よりも，円筒上層a式ないしはその直前段階が最も顕著であること。

今回の調査で出土した土器も，1951〜53年の調査で得られた土器とほぼ同じ内容をもっている。ただし，土壙内や住居跡内の一括資料も多いことから，少なくとも廃棄の同時性が保証された検討が可能であると考えている。なお整理の途上にあるが，林謙作氏の指摘[9]のように，関東の十三菩提式や新潟の鍋屋町式の影響を受けたとみられる「D型爪形文」の存在が顕著であり，さらに，北陸地方の福浦上層式や朝日下層式に類する土器もある。これらの土器の共伴関係の追求から，クロスディティングも可能であると考えている。

4 平安時代の遺構と遺物

今回の調査では，その出土土器からみて9世紀代に属するとみられる平安時代の遺構も発見されている。竪穴住居跡9軒，掘立柱建物跡3棟，土壙などがあるが，このなかで，とくに注目されるのは，整地を伴う南北21m，東西7.3mの大きな掘立柱建物跡である。当時の出羽国府のあった史跡「城輪柵跡」付近の集落跡では，これまでに多くの掘立柱建物跡が検出されているが，規模はいずれも本例を下回っている。柱根のアタリが径20cm前後で，掘り方もそれほど大きくないが，現在までの山形県庄内地方の調査例からみる限り，一般集落の建物とは考えにくい側面をもつ。

本遺跡の北東約450mには大物忌神社吹浦口之宮があり，鳥海山の大物忌神と月山の月山神が並祭されている。『吹浦社家旧記』には，大同元年（806）に吹浦の地に移して，これらの二神を並祭したとあり，『三代実録』貞観10年（868）には，飽海郡の月山，大物忌神社前に石鏃が6枚降ったという記述がある。したがって，少なくとも9世紀の後半には吹浦の地に，月山・大物忌神社が祭られていたことは確実で，今後は，こういった方面からの検討も必要になると考えられる。

註
1) 長谷部言人「羽後吹浦一本木貝塚」人類学雑誌，34—8，1919
2) 柏倉亮吉ほか『山形県飽海郡吹浦遺跡発掘調査報告』荘内古文化研究会，1955
3) 渋谷孝雄ほか『吹浦遺跡第1次緊急発掘調査報告書』山形県教育委員会，1984
4) 永瀬福男「秋田県内におけるフラスコ状ピットについて」『秋田地方史論集』半田教授退官記念会，1981
5) 柏倉亮吉ほか「鳥海山麓の考古学的調査」『鳥海山・飛島』山形県総合学術調査会，1973
6) 保角里志「所謂吹浦式土器について」郷土考古，2，1974
7) 小笠原好彦「円筒土器文化の崩壊とその意義」『東北の考古・歴史論集』平重道先生還暦記念会，1974
8) 阿部明彦「第四章縄文時代中期」『村山市史　別巻1，原始古代編』村山市，1982
9) 林　謙作「Ⅱ　縄文文化の発展と地域性 2，東北」『日本の考古学Ⅱ』河出書房，1965

●最近の発掘から

6世紀前半の前方後円墳——京都府物集女車塚古墳

宮 原 晋 一　向日市教育委員会

　物集女車塚古墳は京都府向日市物集女町南条に所在する前方後円墳である。60年ほど前に前方部の隅が道路拡幅によって削平を受け，その後の蚕食によって前方部の半分は破壊されてしまった。本古墳は現在緑地公園として活用されているが，自然崩壊が進行し早急に対策を講じる必要が生じ，向日市教育委員会では復元も含めた整備事業を計画した。そこでまず整備に必要な基礎資料を得る事を目的とし，国庫補助金を得て83年夏と84年夏の2年にわたって発掘調査を実施した。

1　立　　地

　淀川の上流の一つ桂川は丹波山地に水脈を発し，京都盆地の南西部を貫流する。その右岸は古く弟国（乙訓）と称され　文献上は継体朝の弟国宮の造営を伝え，784年には「水陸便有」を理由の一つとして長岡京が遷都された地である。桂川に沿って広がる沖積平野と，交通の要衝の地であることを基盤として，一帯には多くの古墳が築かれ，中でも現在の向日市西半に存する南北に伸びる向日丘陵上には元稲荷古墳，寺戸大塚古墳などの著名な前期の前方後円（方）墳が分布しており，畿内でも有数の古墳群を形成している。丘陵周辺には5世紀代の前方後円墳は存在せず，系譜に空白期間を介して，6世紀に物集女車塚古墳が築かれる。後続する前方後円墳もなく，本古墳が最後の前方後円墳となる。

2　墳丘・外部施設

　向日丘陵より東方へ派生する低位段丘の北辺に築かれた，東面する前方後円墳である。自然地形を利用するため基底面が明確でないが，全長45m，後円部径32m，前方部幅40m，後円部高8m，前方部高7mを測る。2段築成でテラスを明瞭にとどめるが，1段目は地山を削り出して整形しており，見かけによらず盛土は少ない。丘陵との切断・区画を意識して，後円部には溝がめぐるが，沖積地に接する北辺には存在しない。
　2段目の盛土部分は，崩壊していた前方部の断面観察で築造工程が推測できる。それによると，山土と黒色土をモッコ積みして互層とし，数工程で平坦面を作り，さらに工程を重ねて墳丘を形成している。
　外装としては，葺石と埴輪列がある。葺石は，テラスの内側に列石状にめぐり，北側くびれ部のみは，2段目斜面の上位にまで施されていた。全体に簡略化が進んでおり，その配列は疎である。テラス外縁には，埴輪が密に樹立している。後円部墳頂にも円形に埴輪がめぐらされており，前方部へも伸びていたと思われる。基底面にはめぐらないが，南側くびれ部裾に墳丘主軸と直交する埴輪列が存在する。攪乱のため，対になる埴輪列の有無が不明であるが，方形区画をなしていた可能性がある。埴輪は円筒埴輪のほか，朝顔形埴輪，形象埴輪があり，ベンガラが塗布されていたらしい。円筒埴輪は，タテハケ調整後最下段タガに断続ナデを施しており，当地でも最も新しく位置づけられる。

3　主体部

　83年度の盗掘壙の清掃調査によって横穴式石室を主体部とする事が判明し，整備対象に加えられたため，84年度に調査を行なった。
　横穴式石室　主体部は，墳丘主軸に直交して南側へ開口する片袖の横穴式石室である。玄室は後円部中央に位置し，長5.1m，幅2.4〜2.9m，高3mのやや胴張りをなす長方形プランを呈する。西側に袖石を配し，東壁から伸びる羨道は，長6m前後，幅1.4m，高1.6mを測る。羨道の中位には凝灰岩の梱石が横たわる。梱石は，羨門側床面とは上面で，玄室側床面とは下面で接するため，羨道を段となって区分している。梱石より玄室へかけては，一面に河原石が敷かれていた。
　羨道の床面は，前庭部から梱石へかけてゆるやかに下っている。羨道壁面もそれに対応し，横架される天井石は，羨門へかけて徐々に高くなる。
　壁面を構成する石材は，比較的小ぶりな転石を主体とし，隙間に板状の石材をはさみ込み，目地に白色粘土を充塡している。顔料塗布の痕跡はない。羨道と玄室では構築状況が異なり，羨道ではより小ぶりな石材を重箱積みに似た構築をする。その境は，羨道西壁では袖石のなす縦目地にあり，東壁にも対応位置に縦目地が通る。
　排水溝　礫床は厚さ0.2mほどで，その下には極めて入念な構築の排水溝が施されていた。玄室では四壁に沿ってめぐり，羨道中央排水溝と通じている。別に，羨道両壁に沿って，排水溝が存在するが，玄室内排水溝とは連結せず，梱石の前面で中央排水溝と合流する。板石をV字形に組み，蓋をした中空構造である。梱石を超えた

83

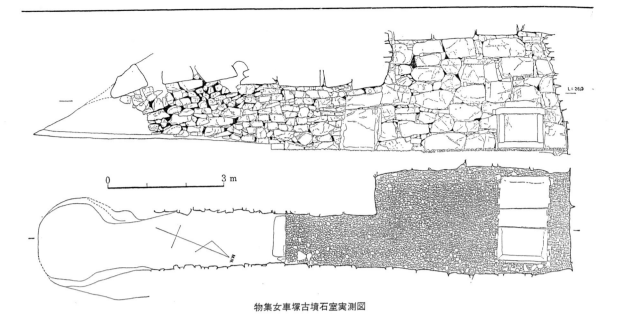

物集女車塚古墳石室実測図

中央排水溝はU字形の素掘りの排水溝に蓋をする構造に変り，墳丘裾部では4枚用いて方形に組まれている。

組合せ式家形石棺 玄室の奥壁沿いには，石室主軸と直交して凝灰岩製の組合せ式家形石棺が置かれている。石棺は内法で長1.86m，幅0.86m，高0.72mを測り，内面には赤色顔料が塗布されていた。蓋材3枚，底板3枚，長短両側石各2枚で構成され，底材の上で短側石が長側石をはさみ込む組み方をする。蓋は印籠蓋である。3枚継の蓋は平坦面の広い扁平な形をなし，長辺沿いの垂直面には左右両蓋各2対，中蓋1対の縄掛突起がつく。縄掛突起は3枚継の底材にも長辺沿いに各1対，短側石の奥壁側には各1ヵ所とどめている。長側石には長方形の突出部が2ヵ所にあり，前面は削られて痕跡しかとどめないが，奥壁側では1.5cm突出する。

用途不明石材 玄室内には家形石棺とは別に石材が散乱しており，追葬の石棺を予想していた。しかし，追葬時の石棺とするには部材が足りず，搬出された可能性も低いため，他の用途を考えざるを得ない。総数7枚あり，柄穴を2ヵ所にもつ石材2枚，出柄をもつ石材4枚と扁平な石材1枚である。柄の対応関係から2組と1枚になるが，どのように組まれていたかは検討を要する。設置場所は出土状況より石棺周辺に限定でき，副葬品を供献する棚，または祭壇となる可能性がある。

懸垂施設 家形石棺をとり囲むように，床面より1.8m上位の壁面目地から鉄鏃が突きささった状態で出土した。茎に木質をとどめており，矢柄が空間へ突出していたらしい。布帛状のものを垂下する施設か，呪術的意味が考えられる。

閉塞施設 羨道側壁に盗掘壙があるため，閉塞施設はほぼ完存状態であった。閉塞石は梱石の上面で，小口面を玄室側へ揃えて積み上げており，使用する転石には70kgを超えるものもある。閉塞石から前庭部へかけては意図的に埋められており，羨門付近では内外を区画する集石遺構が存在する。閉塞石から続く埋土は，前庭部では墳丘斜面に沿うまで達しており，上面には葺石を意識してか河原石を粗雑に配していた。こうした作業は初葬時を含め追葬ごとに行なわれたらしく，前庭部埋土には数次の切り合い関係を認める。なお，前庭部へかけては遺物の出土を見ず，前庭部での祭祀は認められない。

石材 倉敷考古館間壁忠彦氏のご教示によると，家形石棺・用途不明石材・梱石は二上山白石である。石室に使用する石材は，山城郷土資料館橋本清一氏のご教示によると，近在の砂岩，チャートを主体とするが，玄室天井石5枚のうち3枚は竜山石で，羨道側壁の石材に紀ノ川流域に産出する結晶片岩が含まれる。

4 遺物

徹底的な盗掘にあっているが，盗掘以前の流入土で原位置を保つ資料もあった。棺内遺物としては，冠残欠，ガラス玉，空玉，三輪玉，鹿角製刀装具などがある。玄室よりは，須恵器，土師器，鉄地金銅張馬具一式，鉄鏃，鉄鉾，ガラス玉，トンボ玉などがある。須恵器はTK10型式からTK209型式にわたり，6世紀前半に築造後，長期間利用されたことがわかる。

事実報告に終始したが，得た知見は多く，問題は多岐にわたる。中でも，閉塞石以外の閉塞工程を明らかにし得た意義は大きい。整理作業は緒についたばかりであり，今後検討を重ねて課題を深化させていきたい。

連載講座
古墳時代史
10. 反乱伝承と古墳(1)

県立橿原考古学研究所研究部長
石野博信

● 筑紫君磐井の叛乱 ●

『日本書紀』によれば，筑紫君磐井は継体21年(527)に大和政権と闘い，翌22年(528)に御井郡(福岡県久留米市付近)で戦死したという。『筑後国風土記』には，「上妻の県，県の南二里に，筑紫君磐井の墓墳あり」と記載されており，森貞次郎氏の考証によって福岡県八女市岩戸山古墳に比定され[1]，定説となっている。「磐井の叛乱」については，すでに多くの人々によって検討されている。本稿では，磐井とその周辺に登場する臣・君姓氏族や県主階層などの各地域豪族の「乱」への対応と「乱」前後の古墳のあり方を探ってみたい[2]。

八女古墳群(人形原古墳群)は，東西7km余の八女丘陵上にあり，9基の前方後円墳を含む大小100基の古墳が群在している(図28)。群の西端に首長墓系列では最も古い石人山古墳(前方後円墳，全長110m)があり，ついで岩戸山古墳，乗場古墳，善蔵塚古墳，鶴見山古墳などとほぼ時期を新しくするごとに，東方へと築造されていった。群内の古墳の系譜は，石人山古墳以降一系列で考えられている場合が多いが，佐田茂氏は庚申塚古墳—立山山8号墳—立山丸山古墳などの異系列の存在を主張されるとともに，埴輪の年代観から石人山古墳と岩戸山古墳の間に比定されていた神無田古墳を6世紀後半に，岩戸山古墳に直続すると考えられていた乗場古墳を下げて，その間に善蔵塚古墳を入れるなど，「乱」前後の筑紫国造家の変遷に影響を及ぼす提唱をされている(註2)a文献)。

磐井の墓が岩戸山古墳であるとした場合，磐井滅亡後，その子，葛子が死罪を免れるために糟屋地方を屯家として献上したと言われるような変化が古墳に現われているか否かが一つの視点となる。従来，葛子の墓に比定されることの多い乗場古墳(註2)d文献178頁)は，岩戸山古墳に比して規模は半減し，磐井墓を象徴する石人・石馬類をもたないなど，磐井後の筑紫国造家の立場を象徴するものとされていた。しかし，佐田氏が指摘されたように善蔵塚古墳(前方後円墳，全長90m)が岩戸山古墳に継続するものとすれば，規模においてもさほど低落してはいないし，乗場古墳に「石人あり」という矢野一貞の記述を重視すれば，筑後君の葬制も継続していることになる。

「筑紫国造家の勢力に昔日の面影がなかったことは，——人形原古墳群の彩色壁画に，特に優れたもののないことにもうかがわれるが」「北部九州の在地豪族を朝鮮半島派遣軍団として編成するにあたって，その統率に任ずる国造家の存続を必要としたからである」という森貞次郎氏の指摘(註2)c文献)以上に筑紫国造家の勢力が温存されていたように見受けられる。このことは，「乱」後，朝鮮派遣軍に加わった筑紫火君の墳墓とされている(註2)c文献)，鳥栖市の剣塚古墳，岡寺古墳，庚申堂古墳などがいずれも60〜80mぐらいの前方後円墳であり，とくに剣塚古墳は岩戸山古墳をひとまわり小型にしたと言えるほど墳形が酷似しているという事実(註2)a文献)によっても傍証されている。

筑後地方の主な古墳を表示すれば図29のとおりである。

佐田氏が的臣の地と推定しておられる浮羽郡には，5世紀前半から6世紀初頭まで80〜100mの4基の前方後円墳が継続して築造されており，図29によっても筑後の雄族とよぶにふさわしい。石人山古墳とほぼ同時期の月の岡古墳には長持形

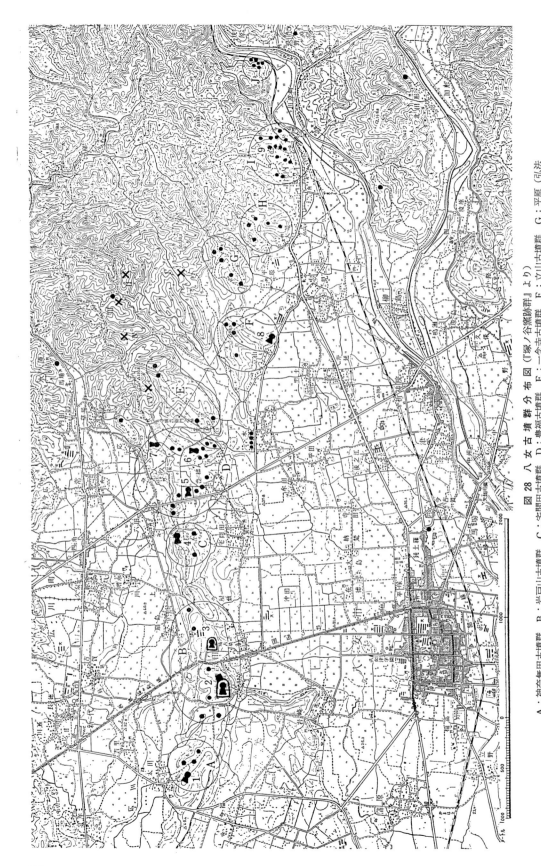

図 28 八女古墳群分布図（『塚ノ谷窯跡群』より）

A：神奈無田古墳群　B：岩戸山古墳群　C：宅間田古墳群　D：豊福古墳群　E：一念寺古墳群　F：立山古墳群　G：平原（弘法谷）古墳群　H：日当田古墳群　I：童男山古墳群　J：善蔵塚古墳群
1：神奈無田古墳　2：岩戸山古墳　3：乗場古墳　4：善蔵塚古墳　5：鶴見山古墳　6：釘崎2号古墳　7：釘崎3号古墳　8：丸山古墳
9：童男山古墳　×印は八女古窯跡群

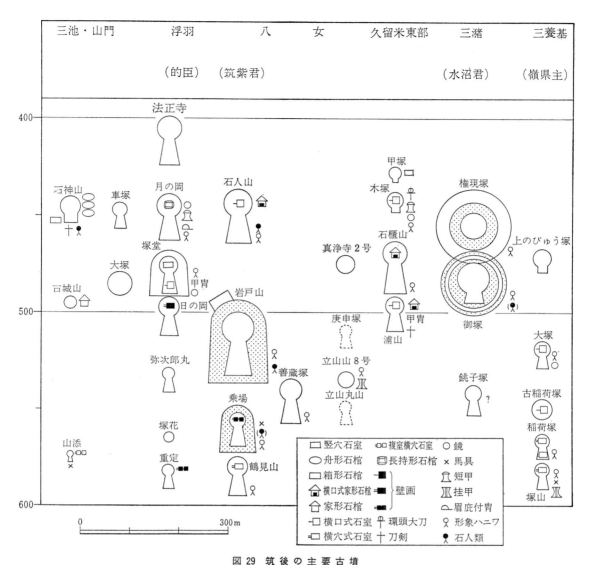

図 29 筑後の主要古墳
(編年観は註2) の佐田茂論文 a, b および柳沢一男「古墳の編年—筑紫」季刊考古学 10 による)

石棺が用いられていて，畿内色の強い臣姓氏族でありながら，敗死した筑紫国造家以上に「乱」後の古墳に規模を縮小する。

欽明紀5年3月条に登場する的臣は，吉備臣，河内直とともに親新羅系の豪族として描かれており，新羅と結んで大和政権に対抗した磐井と同じ行動を，「乱」後もとっていることを示している。欽明紀5年の的臣が浮羽郡の古墳と無関係であるとしても，「乱」を契機とする古墳の縮小は異常であって，時期はさかのぼるが月の岡古墳の短甲と，眉庇付冑を一具とした8領の甲冑に象徴されるように，磐井軍の中核にあったことを想定させる。いずれにしても，浮羽郡の雄族は，6世紀中葉以降，言われているように古墳表飾を装飾壁画として石室内に移して継承しつつ，磐井の意志を継承した氏族と考えることができる。

塚堂古墳の近くには，朝鮮系譜と考えられる5世紀前半のカマドをもつ住居群があって，的臣とともに登場する河内直が百済からの渡来人である[3]ことを想起させるとともに，浮羽郡が『筑後国風土記』にいう豊前国上膳県への磐井の逃走径路に当っていることに想い当る。塚堂古墳の段階で在地色を強めていると言われているけれども，もし浮羽地方が畿内系豪族の地域であったとすれば，考えられない逃走径路であり，浮羽豪族が親磐井系であることを傍証する伝承であろう。臣姓

87

氏族の実態の一例としておきたい。

　水沼君の本貫地と想定されている旧三潴郡の古墳は特異である。権現塚古墳は，墳丘径 55m で二重周濠をもち周濠外径は 150m あり，御塚古墳は全長 80m 余の帆立貝式古墳で三重周濠をもち，周濠外径は 130m に達する。両墳とも 5 世紀後半から 6 世紀初頭の築造で，これほどの規模をもっているにもかかわらず前方後円墳を採用していないところに特色がある。

　景行紀 4 年条には，水沼別が景行天皇の皇子を始祖とするとあり，同 18 年条には水沼県主猿大海の名がみえる。また，雄略紀 10 年条には，呉から献上された 2 羽の鵝を水間君の犬が食い殺したので，鴻十隻と養鳥人を献って天皇に許しをこうた，という記載がある。水沼君に関する文献の記載は少なく，豪族としての活動状況は明らかでない。

　県主伝承のある地域には 5 世紀の畿内型古墳が多いと言われているが，大型の円墳と帆立貝式古墳は畿内型とは言えず，むしろ 5 世紀には王陵以外には認められない二重・三重の周濠をもつことをあわせ考えれば，極めて地域色の強い古墳であり，在地性の強い豪族と言わねばならない。矢野一貞が『筑後将士軍談』に「石人ノ欠ケト見エタル者一ツアリ」と記しているのは，その傍証となるであろう。

　同じ君姓氏族であっても，筑紫君は反乱伝承をもちながら前方後円墳を築造し，水沼君は服属伝承をもちながら大円墳を築造するという異なったあり方を示す。水沼君は，御塚の「石人」に象徴されるように，「乱」に際しては おそらく磐井軍に加わったであろうが，「乱」後，勢力を温存できた主体は国造家であり，水沼君は独自性を鼓舞することはなかった。

　雄略紀 10 年条の別本で，鵝を殺したのは筑紫の嶺県主泥麻呂の犬だと記載されている嶺県主の墳墓地は，佐賀県三養基郡目達原古墳群に比定されている。そこには，5 世紀後半から 6 世紀中葉まで 50m 前後の円墳と帆立貝式古墳が築造されており，6 世紀後半に全長 50m 余の前方後円墳がつくられている。県主でも 6 世紀中葉までは水沼君的な古墳のあり方を示しており，県主階層の古墳の一例としたい。

● **吉備の反乱** ●

　雄略紀と清寧紀につぎのような吉備の反乱伝承がある。

　A．吉備下道臣前津屋（ある本では国造吉備臣山という）は，小女を大王とし大女を己として相闘わせたり，小鶏を大王とし大鶏を己として闘わせたりしていたので，大王は物部の兵士 30 人を派遣して，前津屋と族 70 人を誅殺した（雄略紀 7 年

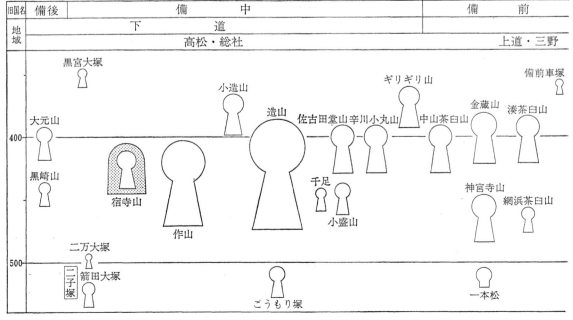

図 30　吉備の主要古墳

8月条)。

B．吉備上道臣田狭（かみつみちのおみたさ）が妻の稚媛（わかひめ）を自慢するのをきいて，大王は田狭を任那国司とし稚媛を奪った（ある本では，田狭の妻の名は毛媛といい，葛城襲津彦の子，玉田宿弥の娘という）。田狭はそれをきいて新羅の援を求めて反乱を企てた。大王は，田狭は子弟君（おときみ）と吉備海部直赤尾に新羅征討を命じた。弟君は，百済へ行ったが討たずに貢上された戈伎（てひと）をともなって帰途についた。田狭は，それをきいて自らは任那に拠り，弟君は百済に拠って反乱すべく企てたが，弟君の妻樟媛はそのことを知り夫を殺して戈伎を奪った（ある本では，弟君は百済から帰って戈伎を献ったという）（雄略紀7年是歳条）。

C．雄略23年に大王雄略は死去した。吉備稚媛は子の星川皇子を大王位につかせるため大蔵の官を奪わせたが，大伴室屋大連・東漢掬直の軍に敗れ，稚媛・星川皇子らは大蔵もろとも燔殺された。

吉備上道臣らは，星川皇子を救うため船師40艘を率いて出撃したが，燔殺されたことを知ってひき返した。白髪皇太子（清寧天皇）は，上道臣らを責め，その山部を奪った（清寧即位前紀）。

吉備の反乱伝承と古墳との相関を考えようとするとき，つねに必要なことであるが，とりわけ反乱伝承そのものの史料批判の上に立たねばならない。

湊哲夫氏は吉備反乱伝承研究の現状をつぎのように整理しておられる[4]。
(1) 伝承の背後に直接的な史実を認める。
(2) 大和政権による吉備氏の征圧を説話化したもの。
(3) 反乱伝承がある政治目的のために述作されたもので，5世紀後半における吉備氏の反乱という史実は存在しない。

(1)・(2)が通説であるが，湊氏は吉備臣山（伝承A）と吉備臣田狭（伝承B）が雄略に殺されたこと，清寧が星川皇子を排除して即位したこと（伝承C）が史実の核として存在したであろうことを主張された。

(3)説であれば，「反乱伝承と古墳」には無関係となるが，湊氏の「史実の核」をよりどころとして検討を進めたい。その場合でも，吉備一族は吉備臣とよばれるような分氏していない形で存在していたが，6世紀後半以降に分氏したという立場と，のちの郡単位程度の領域をもった各地の豪族連合として存在していたのが，6世紀に統合されたという立場があり，評価は定まらない。したがって，以上の検討は，吉備各地の5・6世紀の首長墓と考えられる大型古墳の性格と消長を追求しつつ，史実に近づいてみたい。

吉備の王墓としては，造山，作山，両宮山の3大巨墳が著名である。これら3つの巨大古墳と近畿の王墓との築造企画の斉合性は，以前から指摘されていたが，再び上田宏範氏によって詳細に論じられた[5]。

上田氏によれば，吉備と畿内の巨大古墳の対応関係はつぎのとおりである。

	B型式Ⅰ	C型式	D型式変型
畿内	応神陵→	履仲陵→	御廟山古墳
吉備	作山古墳→	造山古墳→	両宮山古墳

「吉備の三大古墳は畿内の大王陵クラスの大型前方後円墳の主要型式をすべて含んでいるばかりでなく，三基の古墳がそれぞれに違った型式をとることは興味深い。このことはこれら三基の古墳が，それぞれに時期をへだてて営まれ，それぞれの時期に応じて畿内で行なわれていた最新型式を採り入れていることを示している。ここにみられる畿内の型式変遷への対応のしかたは，まことに敏感というほかない。このような相互現象は畿内間での例を除いては，他の地域ではまず見られな

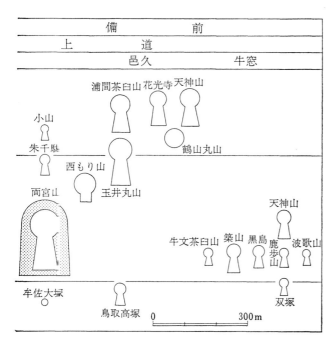

89

いことである。彼ら吉備の首長たちの墳墓は，ただ単に前方後円の形をまねたというような粗雑なものではなく，その時々の畿内の最新型式が採り入れられていたのである。いかに吉備の首長たちの畿内志向が強力であり，また畿内の情報に精通し，鋭敏に対応したかをよく物語っている」（註5）文献，286頁）。

そして，上田氏の築造企画型式ごとの墳丘規模は，「作山古墳の時期には畿内と第二位を，造山古墳の時期には第一位を，両宮山古墳の時期には第三位」（同，292頁）と「畿内の大王陵に匹敵するものをもちながら，周濠の点で大きな欠落がみられる。これこそ古墳にあらわれた畿内の大王や王族と，地方首長との格差ではなかったろうか」（同，294頁）。

上田氏の指摘は，西川宏氏が早くに説かれていた吉備連合政権の性格[6]を築造企画の面から補強しただけではなく，倭の五王の将軍号除正要求にみられる大王と他との格差に対応させるなど意欲的である。

それでは，図30によって吉備の3大古墳の背景を考えてみよう。

造山・作山両古墳を含む高松・総社ブロックには，先行する小造山古墳（前方後円墳，全長130m）があり，ほぼ併行して宿寺山古墳（同，全長120m）佐古田堂山古墳（同，全長150m）がつくられ，千足古墳（同，全長70m）へと続く。4世紀後半から5世紀代を通じて，全長100mをこえる前方後円墳が継続的に築造されている点では，筑紫君磐井の故地を凌駕するものであり，その系譜の中から近畿の大王陵と一体的な2つの巨大古墳が生まれたことがわかる。

両宮山古墳を含む三野・上道ブロックも，4世紀後半から5世紀を通じて全長100mをこえる前方後円墳を築造しつづけている。ただし，両宮山古墳の周辺に限ってみると，先行する玉井丸山古墳は全長140mの前方後円墳であるが，継続する西キリ山古墳が帆立貝式古墳になるという差異が認められる。

両地域とも6世紀前後以降前方後円墳を継起的には築造しないという特性があり，大和，河内や筑後と異なっている。

このような吉備の大型古墳分布状況と反乱伝承を重ねて考えた場合，国造吉備臣山と吉備臣田狭が大王雄略に殺害されたのは，前方後円墳の継起

的築造が止む6世紀前後の事件であったように思われる。そして，大王清寧による星川皇子の排除は，続いておこった中央政界における吉備系皇子の殺りくであったのであろう。

西川氏はじめ多くの人々は，「反乱」の後も山部を奪われただけであって吉備政権の力は継続していると説かれているが，それまで継続的に築造されていた前方後円墳が乱後に激減する様は異常であり，他の地域の状況と異なっている。

反乱伝承をもつ，筑後，吉備，上毛野（武蔵）のうち吉備の状況が異なるのは，大型古墳の周濠の有無についても指摘できる。筑後では，反乱の主とされる磐井墓＝岩戸山古墳と継続する乗場古墳に周濠があり，上毛野では太田天神山古墳などの二重周濠をはじめとして，多くの古墳に周濠が認められる。古墳周濠の有無と形態は，重要な要素であり，次回に再説したい。

6世紀前半以降，吉備には箭田大塚，こうもり塚，牟佐大塚などの長大な横穴式石室をもった古墳が築造されるが，かつての山や田狭の意志を継ぐには至らず，吉備氏が中央政界に登場するのは天武朝以降である。

註
1) 森貞次郎「筑後国風土記逸文に見える筑紫君磐井の墳墓」考古学雑誌，41―3，1956
2) a．佐田　茂「筑後地方における古墳の動向」『鏡山猛先生古稀記念　古文化論攷』所収，同刊行会，1980
　　b．佐田　茂「八女古墳群出土の埴輪」『立山山古墳群』所収，八女市教育委員会，1983
　　c．森貞次郎「磐井の反乱」『古代の地方史』1所収，朝倉書店，1977
　　d．小田富士雄『九州考古学研究　古墳時代篇』学生社，1984
3) 『日本書紀』日本古典文学大系，72頁註12，岩波書店，1965
4) 湊　哲夫「吉備氏反乱伝承の再検討」古代を考える，31，1982
5) 上田宏範「前方後円墳における築造企画の展開（その三）―巨大古墳にみられる吉備と畿内」『橿原考古学研究所論集』第6所収，吉川弘文館，1984
6) 西川　宏「吉備政権の性格」『日本考古学の諸問題』所収，考古学研究会，1964

考古学と周辺科学　7

動　物　学

遺跡から出土するクジラ類，イ
ルカ類の研究には専門家の協力
をえて，自然・文化の両面から
意義を考えることが必要である

水産庁遠洋水産研究所　　**粕谷俊雄**
　　　　　　　　　　　（かすや・としお）

早稲田大学考古学研究室　**金子浩昌**
　　　　　　　　　　　（かねこ・ひろまさ）

国立歴史民俗博物館　　　**西本豊弘**
　　　　　　　　　　　（にしもと・とよひろ）

考古学と鯨類の研究

　遺跡から出土するクジラ類，イルカ類の遺体に
特別の関心を筆者の一人金子が持つようになった
のは，1956年の千葉県館山市鉈切神社洞穴の発掘
で，縄文後期の貝層から多数のイルカ類の骨，歯
牙が出土し，その文化的な面での意義の高いこと
を知ったときからである。その後，北海道の縄文
貝塚においてもイルカ猟の興味ある遺跡を調査す
る機会をもち，また西本もともに1969年以降の
本邦北端の島礼文島でオホーツク文化の住居址中
にのこされたゴンドウクジラ頭蓋の集積を調査し
た機会をもつなど，それぞれに異なった文化期の
中で，クジラ，イルカ猟の意義を考えてきた。そ
れ以後も，こうした機会をもったが，この種の研
究には鯨類を専門とする研究者の協力を得て，自
然・文化の両面から意義を考えるという立場をと
ってきた。今回，金子および西本の収集した資料
を粕谷が査定し，共同の討議を行なう機会をもっ
たので，本誌にその一端を掲載したい。
　ここでふれ得たのはわれわれの収集した資料の
一部のみであったが，遺跡におけるクジラ，イル
カの標本とそれに関わる文化的な問題にふれるこ
とができた。近年，能登半島真脇遺跡で興味ある
資料が知られている。これについては平口哲夫氏
により整理が進められているのでそれに期待した
い。真脇遺跡の調査を機会に，この地方のイルカ
猟の歴史について関心の高まったことも注目され
る。
　クジラ，イルカ類と人々の関わりは，地域と文

化のなかで，実に多様なものをみる。イルカの骨
だけをみていたのでは到底その実体を知るには至
らないであろう。また，現代のイルカ猟との安易
な結びつけも問題であり，その歴史的位置づけに
は，周辺文化との関連を考える広い視野が必要に
なってくるのである。

遺跡出土の鯨類遺存体

　北海道
　道東　太平洋岸
○釧路市東釧路貝塚（縄文前期）
　釧路川河口（当時は釧路湾湾口）に位置する。
　ネズミイルカが大量に捕獲され，湾を見下ろす
台上の貝塚にはこのイルカの頭蓋を円形に並べて
宗教的な儀礼の行なわれたことを示す。大小の銛
頭が発見されている。この資料についてのカード
化を現在進めている。
○根室市オンネモト，弁天島遺跡（オホーツク文化）
　現根室港にのぞむ弁天島と根室半島の先端にあ
って根室湾に面する。
　アザラシ，オットセイ猟が主体であるが，それ
にカマイルカがあり，マッコウクジラの歯が出土
し，その歯は彼らの崇拝する神像を刻む材料とさ
れている。
　道北　礼文，利尻島
○礼文島香深井A遺跡・利尻島赤稚貝塚（オホー
ツク文化期）
　香深井A遺跡では，ゴンドウクジラやカマイル
カ，ネズミイルカなど11種53頭分以上のクジ
ラが出土した。その中にはセミクジラやザトウク

91

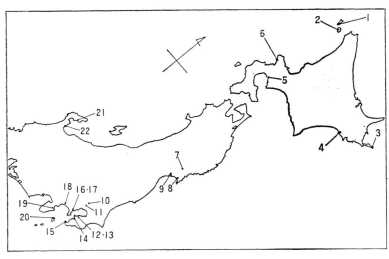

クジラ類，イルカ類の遺骸を出土した主要遺跡
（○付数字はとくに多くの個体が出土した遺跡）

1 香深井A遺跡（礼文島）（オホーツク）
2 亦稚貝塚（利尻島）（オホーツク文化）
3 オンネモト遺跡（根室市）（オホーツク文化）
④ 東釧路貝塚（釧路市）（縄文前期）
⑤ 入江貝塚（虻田町）（縄文中〜後期）
6 観音洞遺跡（神恵内村）（擦文文化）
7 貝鳥貝塚（花泉町）（縄文後期）
8 南境貝塚（石巻市）（縄文後期）
9 里浜宮下貝塚（鳴瀬町）（縄文後晩期）
10 花積貝塚（春日部市）（縄文中期）
11 石神貝塚（川口市）（縄文晩期）
12 山野貝塚（袖ケ浦町）（縄文後期）
13 西広貝塚（市原市）（縄文後期）
14 大坪遺跡（富津市）（縄文前期）
⑮ 鉈切神社洞穴（館山市）（縄文後期）
⑯ 称名寺貝塚（横浜市）（縄文中〜後期）
⑰ 青が台貝塚（横浜市）（縄文中〜後期）
18 平遺跡（大磯町）（縄文中期）
⑲ 井戸川遺跡（伊東市）（縄文晩期）
20 大島下高洞（大島町）（縄文前期）
㉑ 真脇遺跡（能都町）（縄文前期）
㉒ 氷見朝日貝塚（氷見市）（縄文中期）

ジラなどの大型ヒゲクジラ類も含まれている。亦稚貝塚でもイルカ類やゴンドウクジラ類，大型ヒゲクジラ類がかなり出土している。この遺跡では，トナカイの角製の浮彫製品が出土しているが，その図柄の多くはクジラ類で，その中にはセミクジラと推測されるものも含まれていた。

道央
○虻田郡虻田町入江貝塚（縄文中期〜後期）

内浦湾岸は石器時代以降現代に至るまで，さかんな漁猟活動のみられた場所である。そのうち入江貝塚はもっとも規模の大きなもの。クジラ類，イルカ類，オットセイなどの出土も多い。とくにカマイルカの出土が多いことは，道内でも第一である。またオキゴンドウの下顎骨が出土している。オキゴンドウの大型の歯は穿孔して垂飾品に使われることが多いが，顎骨の出土は珍しい。

○神恵内村観音洞遺跡（擦文文化後期〜）

積丹半島にある擦文時代の貝塚としてよく知られ，類似の遺跡がここに近い奥尻島にある。オホーツク文化にみられるようにクジラ類の骨の利用がさかんで，加工痕のある骨片が多数出土する。口絵写真には加工痕のあるコイワシクジラの下顎骨をのせる。

三陸海岸〜仙台湾岸
○宮城県石巻市南境貝塚（縄文後期）

北上川河口の貝塚。とくに目立ったイルカ類の出土はないが，マッコウクジラの歯，イルカ類の椎体が出土している。

○宮城県鳴瀬町宮戸島里浜宮下貝塚（縄文晩期）

イルカ類はとくに多くないが，スナメリ，ネズミイルカが出土している。

仙台平野
○岩手県花泉町貝鳥貝塚（縄文後期）

内陸奥の貝塚であるが，サカマタの歯が出土している。特別の加工はないが，垂飾品などの目的のために運ばれたものであったことは間違いない。

東京湾岸域
東岸湾口部
○千葉県館山市鉈切神社洞穴（縄文後期初頭）

館山湾に面して立地した洞穴遺跡。外海に面した立地であり，多量のイルカ類の骨が出土した。文化的には三浦半島側のものとつながりをもつが，その文化の要素の一つに，イルカ猟があり，道具である銛頭の形態にも両者の類似点をみる。

イルカ類はマイルカを主体とする。24m²ほどの調査面積から37個体分の埋存が推測されている。他にゴンドウクジラ類，ハンドウイルカが出土している。

西岸湾口部
○横須賀市吉井貝塚（縄文早期末）

吉井町台崎にあり，久里浜から小さな湾をはいった場所にある。厚さ2mに及ぶ茅山上層期（早期末葉）が形成され，獣・魚類の出土が多い。それにイルカ類もみられ，10数個の環椎とその他の骨が出土している。マイルカ科の中型のものであ

92

る。この遺跡は縄文時代の古い時期のイルカ猟を示す例で，しかも出土量が多い。この古い時代のイルカ猟は，前述の館山湾の稲原貝塚（早期末），さらに東京湾奥の船橋市飛ノ台貝塚（早期末）でも知られる。

○横浜市金沢区称名寺貝塚（縄文中期末〜後期）

　埋め立てられる以前の旧平潟湾に面した砂丘上貝塚である。点在する貝塚は縄文時代の中期から後期末葉，さらに晩期へとつながり，その古い時期でイルカ類，クジラ類の出土が多い。

　とくにイルカ類にはカマイルカが多く，それにマイルコ，ハンドウイルカが加わる。その全体量は太平洋岸にあってもっとも多量に出土している遺跡であろう。現在武蔵野郷土資料館所蔵の資料を整理している。

　その他の獣・魚類の出土も多く，イルカの肋骨で作った鉤の柄，歯の垂飾（ハンドウイルカ），大型魚，イルカ猟に結びつく大小の銛頭の出土が多い。この調査に当り，土井悦枝氏に大変おせわになったことを付記する。

○横浜市金沢区青が台貝塚（縄文中期〜後期）

　低地性の称名寺貝塚に対して，これをはるかに見下ろす内湾奥の台上にあった貝塚。多くのイルカの骨と獣・魚骨が出土。骨角製の漁撈具の出土も多いので別の拠点であったわけであり，この地域の人々の漁猟活動の複雑な行動様式をみる。

　東岸域

○千葉県富津市大坪遺跡（縄文前期）

　縄文前期の低地性遺跡であって，狩猟鳥獣類の多くの骨が出土している。さらに数個体分のセミイルカの全身の骨格がある。ごく狭い範囲の発掘であり，全体はなおつかみ難い。

○千葉県君津郡袖ケ浦町山野貝塚（縄文後期）

　東京湾の湾口部から内湾域にはいろうとする位置にある。ハンドウイルカなどを少数出土している。次にのべる西広貝塚などとも共通する。

　東京湾内湾域

○千葉県市原市西広貝塚（縄文後期）
　　市原市高根貝塚　　　　　（ 〃 ）
　　千葉市加曽利貝塚　　　　（縄文中期〜後期）
　　市川市姥山貝塚　　　　　（ 〃 ）

　これらの貝塚からのクジラ，イルカ類の出土は少ないが，ハンドウイルカの歯の垂飾品が，またクジラ類の椎体を利用した臼，台などがつくられている。

○埼玉県春日部市花積貝塚（縄文中期）
　　川口市石神貝塚 　（ 〃 晩期）

　東京湾をさらに奥まる内湾―奥東京湾―からはハンドウイルカの出土例がある。石神貝塚はヤマトシジミを主体とする河口の貝塚であるが，深いピットの中に頭蓋だけが入れられていた。

（金子・西本）

イルカ類の分布

　わが国の縄文時代遺跡から出土しているイルカ類を北から列挙すると，次のような種類が挙げられる。

　北海道：ネズミイルカ（オホーツク文化期には，
　　他にカマイルカ，イシイルカ，オキゴンドウ，ゴ
　　ンドウおよび大型鯨の出土あり）
　三陸：ネズミイルカ，スナメリ，サカマタ
　東京湾湾口域：マイルカ，ハンドウイルカ，ゴ
　　ンドウクジラ類
　東京湾内域：カマイルカ，ハンドウイルカ，マ
　　イルカ，セミイルカ
　東京湾湾奥域：ハンドウイルカ

　当時は，気候が今日よりも温暖であったから，イルカ類の分布は若干北に偏っていたかもしれないが，ここに現われた傾向は現在のイルカの生物相と似ている。

　ネズミイルカは今日でも三陸以北に普通の小型イルカで，体長 1.6 m，体重 60 kg に達する。沿岸性が強く，通常は大陸棚域に 1〜2 頭の群れで生活する。このため，北海道沿岸では定置網に入って捕えられることがある。イルカのなかでは美味な部類に属する。いまの日本のイルカ漁には，数隻の船でイルカの群れを湾内に追い込んで捕える追い込み漁と，エンジンを備えた漁船でイルカの群れのなかを走り回って，船首波に乗ったイルカを離頭もりで突いて捕る突きん棒漁法のふたつがある。本種は群棲せず，船首波にも乗らないから，いずれの漁法でも捕獲しにくい。当時の人びとは，ネズミイルカのいる海面で忍耐強く機会をねらって相手に近づいてもりで突くか，相当大きな網を用いるしか捕る方法はなかったであろう。また，海岸に漂着したものを拾うこともあったと思われる。イシイルカは，体長 2.2 m，体重 220 kg に達し，ネズミイルカとおなじく寒冷海域に生息するが，縄文遺跡からは出土していない。これは本種が外洋性であり動きが速いため，当時

の技術では捕獲が困難であったためかもしれない。時代が下りオホーツク文化期にはイシイルカの捕獲がおこなわれたらしい。

スナメリも沿岸性が極めて強く，岸から2〜3kmに多いイルカで，ネズミイルカの南に棲み分けている。体長1.8m，体重50kgになる。今日の確認分布域は仙台湾以南である。群れの大きさ，泳ぎ方などはネズミイルカに似ているので，ネズミイルカを捕る技術があれば捕獲できたはずである。しかし，本種は下痢性が強いので食べにくいらしい。宮城県鮎川の鯨博物館元館長木村宣紀氏によれば，鮎川ではスナメリの脂肪はヒマシ油と同様の効果があると昔から言われ，食べる人はいないそうである。普通のイルカ料理のやりかたで，彼が脂皮と肉を一緒に煮てたべたところ，全部下痢で出してしまったが，次に肉だけを2回ゆでこぼして佃煮にして食べてみたら無事だったそうである。本種は東京湾，三河湾，瀬戸内海などに多いが，これらの地方で出土がないのはこのためかもしれない。

スナメリ，ネズミイルカ，イシイルカのネズミイルカ類3種の頭骨の判別は次のようにする。まず，スナメリでは頭骨長が23cm以下で小さく，吻があたかもゴンドウのそれを小さくしたように前端部まで幅広く，かつ短い（頭骨長の33〜39%）。歯数は上下左右それぞれ16〜21本である。ネズミイルカでは頭骨長は26〜29cmで，吻はやや細長く頭骨長の39〜50%。吻は下方に湾曲する。歯数は22〜30本。イシイルカの頭骨長は31〜33cmで3種中最大，吻は細長く尖り頭骨長の42%前後。歯は17〜35本。最大の特徴は歯の太さが0.5〜1mmと極めて細いことである。これに伴い歯槽も痕跡的な浅いものになっている。なお，前2種では歯の直径は2mm以上あり，歯槽も深く大きい。これら3種では，前端付近の数本以外の歯は，摩耗しないうちは尖端部が偏平なスペード状をしている。

カマイルカは体長2m前後，体重150kgに達するイルカで，頭骨長36〜42cm，中位の太さの歯が上下左右にそれぞれ27〜32本ある。群集性の強いイルカで，普通数十〜千頭以上の群れで生活する。日本近海では，黒潮と親潮の両域にまたがって，即ちイシイルカの分布域の南部からハンドウイルカのそれの北部にかけて生息する。今日の主要分布域は，九州〜和歌山を結ぶ線以北，

千島列島以南である。北太平洋固有種で，わが国の内湾域からアリューシャン列島南方の外洋まで分布が広い。岩手県山田湾の奥にある大浦部落は，かつて湾に入り込んだイルカを網で仕切って捕獲していたことで知られている。1882年2月にここで本種を1群2,385頭捕獲した記録が写真とともに残っている。このような漁法は沿岸性のイルカにはいつでも可能だったと思われる。本種は船の下をくぐって逃げるため，伊豆・和歌山地方の追い込み漁ではこれを捕獲できないが，壱岐では最近水中爆竹を用いて追い込みに成功している。しばしば船首波に乗るので，動力漁船や帆船から突くのは容易である。

一般的に，船首波に戯れて突きん棒の犠牲になるイルカは離乳以後，性成熟前の若い個体が圧倒的に多く，この漁法がイルカの特定の年齢層の特定の行動を利用していることを示している。このような傾向は，カマイルカだけでなく突きん棒で捕獲されるイシイルカやスジイルカでも認められている。しかし，カマイルカやスジイルカは成体と若者が別の群れで生活していることがあるし，イシイルカは生長段階や性別によって地理的に棲み分けているので，その特定の部分を網などで捕獲すれば，あたかも突きん棒のそれに似た年齢組成を示すことも有り得る。イルカの年齢は歯の象牙質やセメント質に形成される年輪を数えておこなうが，そのときにセメント質とエナメル質との重なり具合から性別を判別できる場合がある。今後考古学に応用出来るかも知れない分野である。

ハンドウイルカは世界中の温帯から熱帯に，内湾・河口域からかなり沖合いにまで分布している。このため地理的な小変異が多く，分類に混乱をもたらす元となっている。日本沿岸からは，形態的に明らかに異なる2系統が知られている。ひとつは，沖縄から北海道沿岸に分布する型で，生長が完成すると平均体長3.0(雌)〜3.15m(雄)，体重270kgに達する（壱岐産の場合）。頭骨長は50〜53cm，吻長はその54〜56%。歯は上下左右それぞれ20〜25本，直径7〜9mm，長さ30〜35mmで，カマイルカの歯より太い。日本の水族館に普通いるのはこれである。十数頭から数十頭の群れで生活する。他のひとつは，九州南部から台湾（恐らくそれ以南）に分布する小型のイルカで，成体でも2.5〜2.7mまでであり，成熟すると腹部に黒い斑点が多数現われる。骨格も前種に

クジラ類の下顎骨と歯
左上下：マッコウクジラ下顎骨，中央2つ：マッコウクジラ歯，右上段：サカマタ歯，右下段：マッコウクジラ歯

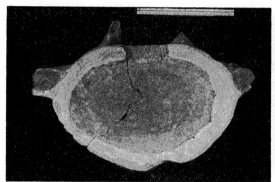

クジラ類の椎体加工品（臼状にえぐられている）
市原市高根貝塚（縄文後期）

くらべてほそく，歯も小さい。水族館関係者はこれをミナミバンドウと呼んでいる。これらを別種と考える研究者もある。縄文期に東京湾沿岸で捕獲された個体が，どちらに属するかはまだ明らかでないが，縄文期の温暖な時代に南方系のハンドウイルカが東京付近まで北上していた可能性は残されている。

ハンドウイルカは沿岸性に定着しているグループがあり，海岸の波の砕けるほどの浅いところに毎日のように索餌にやって来る場合がある。またフロリダ半島のような低湿地があるところでは，ほとんど淡水に近い河口域や入江に周年生活するグループも知られている。古東京湾の小さい入江でこのようなハンドウイルカをもりや網で漁獲することは容易なことだったと思われる。今日の日本では，本種は突きん棒あるいは追い込み漁で捕獲されている。

セミイルカは銚子沖から千島沖にかけて生息する外洋性のイルカである。数十から時には数千頭の群れで生活する。当時の航海術からみて，本種を積極的に捕獲することは困難だったと推定される。出土した個体は例外的に捕獲ないし拾得されたものである可能性が大きいのではないだろうか。

(粕谷)

書評

斎藤 忠著
日本考古学史辞典

東京堂出版
A5判 741頁
9,800円

　大森貝塚の発掘以来1世紀を閲した日本の考古学は、その前史を含めて中谷治宇二郎『日本先史学序史』(1935)、清野謙次『日本考古学人類学史』(上・下、1954・55)、斎藤忠『日本考古学史』(1974)の3冊の優れた学史を有している。とくに斎藤博士のそれは『日本考古学史資料集成』(1979)および『年表でみる日本の発掘・発見史』(①奈良時代～大正篇②昭和篇、1980・82)とともに博士の日本考古学史研究の一環をなす著作としてすでに定評あるものであり、近く完成を予定されている『日本考古学史年表』、既刊の『日本の発掘』(1963、増補版1982)を含めて"学史5部作"中の総説としての性質をもつものであろうと思われてきた。しかし、博士は年表の完成を意図される一方、『日本考古学史辞典』執筆の計画を着々と進められていた。それもすべてお一人の手による著作として、であった。

　かかる計画の一端を漏れ承っていた私は、正直っってそれの完成にはかなりの歳月を要するであろうと勝手に考えていた。しかるに、私の予想は完全に外れて『日本考古学史辞典』が早くも刊行されたのである。

　「学史は単なる過去への追想ではない。研究がさらに飛躍するためには、まずそれぞれの学問のたどった道を知ることが肝要である」(辞典・序文)と説かれる博士は、ご自身の日本考古学研究50余年の歩みのなかにおいて、学史の資料を蒐集されてきた。その関係資料の収蔵は質量ともに喫驚すべきものがある。それらの資料を縦横に駆使して執筆された本辞典は、前人未踏の試みであり、余人にしてよくなし得ない企てであると申しても決して過言ではないであろう。

　さて、本辞典に収められた事項は2,925に及び、その内訳は、文献932、人物283、用語525、発掘・発見史706、研究史68、機関・施設249、学会131、その他31となっている。

　文献は昭和50年までに刊行された単行本・報告書・雑誌、人物は昭和59年8月までの物故者、発掘・発見史と機関・施設・学会は昭和50年現在の知見にもとづいて構成され、巻末には、資料編(1)文献、(2)図録を配し、索引は、文献、人物、用語、発掘・発見史、研究史、機関・施設・学会、その他にわたっている。そして文献は、1書誌的事項、2内容・学史的意義、3参考文献にわけて記述され、人物は、1生没年・経歴など、2学史上の業績など、3著書論文、4参考文献について触れられている。さらに発掘・発見史は、1遺跡所在地、2調査経過・成果・意義、3参考文献について記している。資料編の(1)文献は、学史上重要な資料の原文を摘録して掲載し、(2)図録には、貴重文献の写真、人物(集合および個人)写真、署名集、書簡集、原稿、色紙、遺跡・遺物図、記念碑写真・拓本などが収められている。

　このような本辞典の特色について、博士は自ら序文において「江戸時代の資料を多くとり入れた点、発掘や発見の事項に、私自身何等かの形で関係したものが多い点、人物では、かつての恩師・先輩・友人を追憶しつつ筆をとったものが多い点、用語のルーツの追求に苦労した点、資料の図版には、私の蒐集所蔵しているものを主とした点」などを挙げられている。たしかにこれらの諸点については、博士ご自身の学史に対する考え方がそれぞれの点において反映されていると見ることができるが、通読させて頂いた私にとっては、私なりの感懐を得ることができたのである。

　この浩瀚な辞典を独力で執筆されたことは、まさに驚嘆の一語に尽きるが、それにも増して深い感銘をうけたのは、全体の構成と項目の選定に対する博士の識見についてである。そこには積年にわたる関係資料蒐集の執念が見事に開花されているが、それと同時に日本考古学全般にわたる該博ぶりが横溢していることである。とくに、日本考古学において日常的に用いられている古典的用語について収録されていることは、流布されている国語辞典・考古学事典類に見られぬものであり、本辞典の有用性を示す一つの例として理解されよう。

　学史辞典と題されてはいるが、日本考古学文献解題辞典・日本考古学人名辞典・日本考古学用語辞典そして遺跡辞典などが包括された著作であるということができるのである。

　以上のごとき本辞典の有する意義を概括するならば、斎藤忠博士の該博にして周到な項目選定と識見によって生み出されたものであり、学史辞典として一つの型を編み出されたもの、と言えるであろう。

　日本考古学を学ぶ者にとって、本辞典より受ける学恩は計り知れないものがあろう。とくに若い研究者・学生諸君が学史認識の糧として本辞典を大いに活用されんことを期待して紹介の筆を止めたい。

(坂詰秀一)

書評

岩崎卓也・菊池徹夫・茂木雅博編

考古学 調査・研究
ハンドブックス

雄山閣出版
A5判 平均220頁
全3巻 各2,800円

　昭和33年（1958），日本考古学協会委員長であった藤田亮策先生の下に，若い研究者数人が集まって『考古学の調査法』という300頁余の書物を公刊したことがある。当時としては，便利，安直な手引書としてかなり評価されたと思う。

　さて，私は，このたび完結した『考古学調査・研究ハンドブックス』全3巻の書評を依頼されたので，あらためて旧著を本箱から取り出して見た。改訂版を予想しての赤字の書き込みをなつかしく思うとともに，日本の考古学が爆発的に展開し始めた昭和30年代後半直前の手引書と，発展につぐ発展で今日の段階に達した，この3巻からなる書物を比較し，約20数年間の時間の重みを痛切に感じた。

　戦後，日本における考古学の進展はまことに著しいものがある。しかし，その道程，内容は喜ばしいことばかりではない。続発する大規模開発によって大量の埋蔵文化財の発見の反面には，莫大な遺跡の消滅があり，研究者，当事者は遺跡の破壊の対応に追われ，十分な研究，保存が行なわれないという憂うべき状況である。さらに，そこから生じる膨大な情報や自然科学の導入，協力による学際化など，一人の研究者が現況を十分に把握し，理解して研究を展開することは困難になって来ている。

　このような現状の中で，発掘調査とは何か，室内での整理をどのように合理的に行なうか，遺跡をどのように保存し，公開するか，そして考古学とは一体何か，といった課題をあらためて見直すことが必要になって来た。そこで本講座が「野外調査」，「室内調査」，「研究方法論」の3巻に，現在到達した考古学の最高水準の成果を盛り込んで編集され出版されたのである。編集者は，日本考古学界の中堅であり，多勢の執筆者は，それぞれの分野に精通したベテラン，新鋭である。3巻を通じて，編集者による総論に始まり，多くの挿図が付され，各巻とも編集者の意図，特色がよく出されていると思う。

　第1巻『野外編』の①「総論」で，「本書は調査技術をこと細かに披露しようとするものではない。むしろ，豊富なケース・スタディを収録して，私どもの仲間が，どのような意識のもとに，どのような調査にとり組んでいるかを明らかにすることに努めた。」と述べられているが，これは第2，3巻にも当てはまることで，本講座の特色の一つであると思う。②「調査の準備と進め方」は発掘調査の基本的順序が述べられている。③「時代別遺構の種類と特徴」は旧石器時代から古墳時代までの遺構について記述されているが歴史時代の記述が弱い。あとの部分で寺院址，中世城館址，近世墓などの発掘実例が収録されているだけに残念である。④「各種遺跡発掘の実際」は本書の二分の一を占め，貝塚，住居址をはじめ各種遺跡の発掘例が示されているが遺跡の性格，内容などの解説もあって便利である。旧石器と宮殿址の発掘例が見られないのはおしい。

　第2巻『室内編』は，①「総論」ではことに整理の必要性と，室内作業によって遺物の個性を引き出すことが重要であるとしている。②「記録の整理と保管」，③「遺物の整理」は，整理技術が展開され，④「遺物の分析法」は，考古学本来の形式論などの解説と自然科学による方法の運用が記されている。⑤「成果の公表」，⑥「公開活用」，⑦「遺跡・遺物の保存と現状」は，あたらしい考古学がかかえる問題であって，莫大な情報の処理，活用に対する研究者の苦労が滲み出ていると思う。⑧「遺跡・遺構保存の実例」は貝塚，古墳，壁画などであるが，平城京やその他都城址の実例も欲しかった。

　第3巻『研究編』は，前2巻の延長線上に位置するもので①「総論」と⑦「日本考古学の現状と課題」は総括的内容である。②「考古学研究の目的と方法論的基礎」（増田精一）は，本講座中の力作の一つであろう。浜田耕作，今井登志喜，江上波夫，八幡一郎など先達の業績をふまえての論考で，歴史科学としての考古学の確立を説く。③「環境と人間行動の復原」では，このところ流行の環境考古学，共同体，交通，交易の問題が提示されている。④「関連諸科学の方法」は，文献史学，文化人類学，民族誌，民俗学，美術史学，建築史学，石文，金文の考古学への運用とでもいうべきか。地理，地質学などの密接な関連科学が無いのはいかがしたものであろうか。⑤「考古学の新しい方法」の内容は実験考古学とコンピューターの利用である。後者は座談会であるがコンピューターに弱い者にとってはその方がわかり易い。⑥「文化財保護の問題」は制度と運用が述べられ，⑦では前述のように座談会として本講座をまとめている。

　日本考古学の水準を知る上で，また日本考古学の内容の豊かさとともに複雑さ，多様化にいささか恐怖をいだく者にとって，よく整理された本講座は大きな指針になるであろう。

（桜井清彦）

書評

リチャード・ピアソン著
東アジア古代社会と考古学

雄山閣出版
A5判 182頁
2,500円

本書はR.ピアソン教授がここ数年来、いくつかの雑誌に発表したもの、シンポジウムのプロシーディングおよび新たに発表したものなど6編よりなり、邦文に改めて一冊にとりまとめたものである。なお今回上梓されるにあたっては、一部既論文に手が加えられたものがある。構成は次の通りである。

第1章　中国における新石器時代の社会
　　　　―浙江・江蘇・山東地方を中心として―
第2章　青蓮崗文化
第3章　中国南部とアジア大陸東南部における先史土器群の相互関係
第4章　台湾の東南部における考古学的調査
第5章　朝鮮における部族社会から古代国家への発展と楽浪の問題
第6章　日本・朝鮮・中国をつなぐ文化の連続性についての諸問題

第1章は中国東海岸地方の新石器時代、今回中国の学者のいう「大汶口文化」に属する墓地の分析を通して、古代社会の推移を読みとろうとするもので、6編の中でも著者の意図が最も発揮された論文である。とりわけ第6節中国の新石器時代遺跡から得られたデータの分析、第7節要約と結論では、様様な統計学的操作を行なって、年齢、性別、年代による副葬品の有意差を指摘し、社会構成の変化を指摘する点などは、ペーパー・リサーチによって外国の考古学研究を行なう研究者たちにとっては、傾聴すべき方法である。

第2章　青蓮崗文化は、1978年バークレイで行なわれた中国文明の起源に関する国際会議で発表された原稿に一部修正を加えたもので、青蓮崗文化にとどまらず、この地方の旧石器文化から青銅器文化直前までの文化的な流れを、主として稲作を中心とする生態学的な観点でとりまとめたものであり、第1章で試みられた分析のバック・グランドとしても意味を備えている。

第3章は東南アジアで出土する土器を、層位的な確認がなされている中国南部地方の遺跡出土土器と比較検討したもので、東南アジアの例として、グァ・チャ、バン・カオ、バン・チェン遺跡をあげ、中国の石峡、大渓、三元宮遺跡を材料としている。その分析は土器の各種の器形にわたってなされ、その結果、紀元前1000年頃、両地域内に大きな文化接触があり、それはタイ系諸集団の存在と結びつく可能性を提示している。

第4章は著者自らが台湾で行なったゼネラル・サーヴェイを基にした論攷で、大石棺、石環、有肩巨石などとパイワン諸語を話す民族との関連を説く。

第5章は楽浪の問題をとりあげながら、朝鮮社会の成熟度を論じたものであり、楽浪以前にすでに高度な青銅器鋳造技術をマスターしており、またそれら製品が主な河川の流域に集中分布することから、楽浪郡設置以前の前国家的な部族社会の存在を論じる。

第6章は日本・朝鮮・中国の縦の連続性とそれらを横断して結ぶ横のつながりを論じたもので、朝鮮と日本の結びつきは、相互接触による地域的共生（経済上の相互行為も含めての）によるものとの考えに達している。

ピアソン教授はエール大学在学中に沖縄の調査を手がけた後、台湾や日本での研究成果をもとに『琉球諸島の考古学』をとりまとめて、学位を授与されたが、その後中国、朝鮮、東南アジアにも眼を向けて、東アジア全体を見通す幅広い研究者である。著者の基本的な研究の視点は、『琉球諸島の考古学』の中にすでに確立されており、『東アジア古代社会と考古学』の中にもそれは如何なく発揮されている。著者自身が序章の中で論じるように、その視点というのは"人類学としての考古学"であり、要約していうなら"類型学は時間層、編年、分布を把握する際には重要であるけれども、文化の生成・発展もしくは展開といった次元での社会的あるいは歴史的意味の研究といった分野では、それだけでは不充分であり、どうしても人類学的分析が必要となってくる"ということであろう。そのため、民族誌や生態学の成果をとり入れるだけではなく、人類学の理論をも応用して仮説をたて、テストを重ねて実証へと進み、全体像を把握する方向へと進むのである。ただしそうした理論を応用するにあたっては、文化要素をとりあげるだけでなく、文化全体の中のコンテキストの中での位置づけと、相互関係を把えた上での比較検討であり、従来の人類学的考古学者とは一味異なった学風をもっている。

こうしたアメリカ的考古学になじみのない人々でも、遺跡や遺物を直接眼にしたり手にして検討できない領域を研究する人々には、傾聴に価する研究方法が展開されており、是非一読をお推めしたい。

（甲元真之）

論文展望

選定委員 (敬称略・五十音順)
石野博信
岩崎卓也
坂詰秀一
永峯光一

織笠 昭

石器形態の復原

東京考古 2号
p. 1～p. 12

ここに1点の石器がある。先土器時代の剝片石器であるが，後世の破損が著しく，いかなる石器形態であるかを直ちに知ることは難しい。ではどうすればよいのか。

まず，残された小部分から剝片剝離過程と二次調整剝離過程とを復原する。しかし，破損の度合いの大きな石器の素材や二次調整を知り得たとしても，それがナイフ形石器やスクレイパーあるいはグレイバーであるかどうかを判別することは，一部の地域や時期を別とすれば至難の業である。いずれも共通した部分を持つ技術の適用されることがあるからである。だからこそ，部分的特徴のみを取り上げて石器の形態を論じるべきではない。素材・加工・形の3点を同等の重みあるものとして総合的に見なければならないのである。

本例はナイフ形石器か切出形石器であると思われるが，破損のためにいずれであるかを決することができない。ところでナイフ形石器と切出形石器の分類では素材や二次調整上の特徴を別とすれば，先端の形の差のみが強調されることが多い。基部の特徴が体系的に記述されることはあまりない。本例は先端部を欠失している。これまでの見方では復原不可能な例である。両者の区別は先端部と基部の双方から構成される全体の相違から見て初めて可能となる。この視点に基づき，より広い範囲での比較検証を行なった。そしてようやく本例が切出形石器であることを知り得た。

石器形態の復原は石器組成や機能の問題，そして遺跡構造論を進めるためにも必要である。それは完形の石器の全体像の着実な理解に立脚して初めて成立するものである。

小論で形態復原の対象とした石器は故大里雄吉氏が今から60年以上前に，現在の東京都板橋区茂呂山公園の一角から採集したものである。発見地と時期を探索する過程で，大正から昭和初期にかけての氏の考古学的業績と当時の考古学者との交流の一端を知り得た。その復原は今も残された課題である。 （織笠 昭）

岡村秀典

前漢鏡の編年と様式

史林 67巻5号
p. 1～p. 42

漢鏡は文様や銘文が変化に富むため，編年を研究する恰好の材料となる。本稿では前漢代の代表的な鏡式それぞれについて新たに細かい型式分類を試みると同時に，これまで等閑になっていた鏡式間の併行関係についても単位文様の比較や漢墓における共伴関係から検討を加え，前漢鏡の体系的な編年を組み立てた。続いてそれをもとに前漢鏡を以下の4期に大きく区分した。

第1期（前2世紀前半）は，抽象化した龍を主文とする蟠螭文鏡が中心となる。文様に戦国鏡の伝統を濃厚にとどめ，分布の中心は華南地方に偏る。

第2期（前2世紀後半）は，戦国鏡の伝統から脱した，植物文様をモチーフとする草葉文鏡の出現を画期とする。第1期の蟠螭文鏡からも文様の異なる3系統の鏡が生みだされ，鏡式の多様化がすすんだ。しかも鏡の地方色が消失して全土に拡がりをみせ，現実的な快楽を求める銘文が流行する。

第3期（前1世紀前半～中頃）は，銘文と幾何学的文様を主とする清楚な異体字銘帯鏡の出現を画期とする。一転して鏡式の多様性と変化に乏しくなり，銘文も『楚辞』の表現を承けて哀調を帯び，正義に立つ者の受難を訴えた悲哀にあふれた内容となる。

第4期（前1世紀後葉～1世紀初め）は，細線表現の写実的な動物文をもつ装飾性豊かな方格規矩四神鏡や獣帯鏡の出現を画期とする。ほかに虺龍文鏡や異体字銘帯鏡が併存し，鏡式が多様化するとともに，再び現実の快楽を求める銘文が流行し，第3期を否定し第2期を受け継ぐ姿勢をみせる。まもなく神仙思想や儒教的教義を中心とする銘文にかわり，王莽代に相当する第4期末になると政治理念を表現した銘文があらわれ，文様が定型化する。

新しい文様意匠の創出と全く対照的な内容の銘文に交替することによって，前漢鏡は50年余りの周期で大きく変動していることが明らかとなった。これは前漢代における社会の活発な意識の運動を反映したものである。 （岡村秀典）

横山英介

北海道における
ロクロ使用以前の土師器
—擦文時代前期の設定—

考古学雑誌 70巻1号
p. 52～p. 75

小稿では，北海道で発見されているロクロ使用以前の土師器を整理・体系化することによって擦文時代初頭（＝開始期）の特質を抽出することを目的とした。

土器型式の設定と特徴についてIa期からⅢ期までの5期に大別できる。Ia期は「アヨロⅤ群期」，

99

Ⅰb期は「三角山D式期」, Ⅱa期は「ウサクマイA式期」, Ⅱb期は「湯ノ川・由良式期」, Ⅲ期は「北大サークル会館式期」である。Ⅰa期とⅠb期の土師器は, 坏・甕・壺による構成。Ⅰa期の甕の一部に在地での特徴を有するものと共伴することで区別し得る。Ⅱa期とⅡb期の土師器は, 坏・甕・壺・浅鉢・高坏・蓋・甑による構成。a期の甕の一部や浅鉢に在地のものと共伴することで区別し得る。Ⅲ期は, 土師器の坏・甕・壺に須恵器が追加される構成。とくに, 土師器の坏は器形が変化に富む一方, 器面調整にヘラミガキを用いるというⅡ期からの伝統を踏襲する。また, 甕の器形や文様も多様化し, 「刻み目文」のような新しい要素が出現する。

　分布は, 石狩低地帯およびその丘陵側面地帯が中心でそれより南西部の地域に限られる。

　土器型式の変遷と年代観は,

```
Ⅰa期 ┐
     ├─→ Ⅱa期 ┐
Ⅰb期 ┘         ├─→ Ⅲ期
        Ⅱb期 ┘
```

となり, Ⅰ期が8世紀中葉, Ⅱ期が8世紀後葉から末葉, Ⅲ期が9世紀初頭から中葉と考えられる。このような土師器が総体として北海道にもたらされた時点をもって擦文時代の開始とし, さらにⅠ期からⅢ期までを「前期」として区分しようとするものである。開始当初土師器は単独かあるいは在地の土器と共伴関係を保ちながら展開, Ⅲ期において北海道独自の色彩を強く示すようになる。一方, その頃の北海道北東部では「北大式土器群」の末期のものが存続していたり, 貼付文を有するオホーツク式土器が実在したことになる。石狩低地帯およびその丘陵側面地帯が石器時代以来様々な文化を生みだす地域として重要な役割を演じてきたが, 「擦文文化」もまた同様にこの地域で生まれたものであることが理解できる。それが北東部の地域へと拡大して行くのは, したがって9世紀中葉以降ということになる。　（横山英介）

森　郁夫
中世の地鎮・鎮壇
木下密運
中世の地鎮・鎮壇
水野正好
近世の地鎮・鎮壇
古代研究　28・29
特集　地鎮・鎮壇

　近年, 中近世建物遺構の発掘例の増大にともない地鎮・鎮壇具発見が各地で報ぜられているが, 発見を報ずるのみでそれ以上のコメントが見られない。それは考古学関係者一般が仏教（神道・陰陽道を含む）儀軌に暗く, それらの資料が手に余ることを示している。そこで地鎮・鎮壇についての最近の資料を整理し, 古代～近世の鎮壇についての研究会を元興寺文化財研究所・考古学研究室でもった。本号はそこでの発表記録である。

　森報告は古代における現段階での知見資料の整理を行ない, 川原寺塔跡例を現段階での最古例とし, この時期を古代における地鎮・鎮壇の画期とする。この時点以降, 地鎮・鎮壇の儀が盛んに行なわれ, 奈良時代には全国的に拡大するが, その背景に国家仏教体制の整備を考える。それ以前の地鎮について存在は想定されるが, 現段階ではその遺構は確認されていないとする。

　供養品の埋納について, 基壇建物と掘立柱建物に大きく分類し, 前者を塔とそれ以外の建物に分類する。塔の場合, 基壇土を築きながら儀礼が執行され, 基壇土中に供養品が混入され, それが一度きりではなく数回に亙るものであったとする。塔以外建物の場合, いずれも基壇に穴を穿ち供養の品々を埋納するのを基本だとする。掘立柱建物の場合は様々な埋納方法が見られ, 一定の方式が見出せない情況であり, 様々な例が列挙されている。

　儀礼執行者については陰陽寮・陰陽師の関与を指摘する。

　木下報告は密教伝来以後の地鎮・鎮壇を修法から地鎮・鎮壇, 結界, 土公供, 鎮宅・安鎮の4つに分類する。地鎮・鎮壇も後に兼修されるようになるが密教では厳密な区分があり, 地鎮とは堂舎建立以前の土地を拓く段階で土地神に土地を請うための作法であり, 出土品中に銭貨が多く見られるところから墳墓に伴う買地券の思想との関連について指摘する。

　鎮壇の場合, 壇の八方に三鈷輪宝・橛を埋納するのを基本とし, 賢瓶は用いないが, 地鎮鎮壇合行の法が平安～鎌倉時代頃から行なわれていることを指摘し, 両者融合の相を明確にしている。

　結界は地鎮・鎮壇に伴うものであり, 土公供は主に在家の地鎮であるとし, それぞれに仏教的なものと陰陽道的なものの習合の相を指摘している。

　水野報告は輪宝を墨描した土師質皿形土器についての追究であり, それを中世の鎮壇で用いられた輪宝と橛の後流として把えている。それらの皿が蓋・身のセットになっていることから, その内に五穀粥を入れたであろうと推定し「鎮壇のもつ結界して破邪摧魔する性格と地鎮のもつ地神宥怒・地神奉斎の性格が重なり, 融合して一つの『輪宝墨描土器』の世界を誕生させている」としながらも, 中世鎮壇の諸例が堂塔中心部にあって狭い範囲の四至を結界するのに対し, 輪宝墨描土器の場合結界範囲が建蔽面積を超える事例が多いことを指摘し, その面から本質的には鎮壇よりも地鎮と見るべきものとしている。そしてこの修法の拡がりとそれに修験者が関与していることに近世という時代を読みとっている。

　以上3報告は地鎮・鎮壇を主に担ってきた密教を中心にして, それ以前そしてその展開といった視点で共通しており, 日本の地鎮・鎮壇の流れが簡潔にまとまっている。　（藤澤典彦）

文献解題

岡本桂典編

◆ノ、口岬—昭和58年度音別町ノトロ岬遺跡発掘調査報告書— 音別町教育委員会刊 1984年3月 B5判 本文編152頁 図版編79頁

北海道の東部，太平洋にそそぐ音別川の河口西岸の丘陵に位置する遺跡である。続縄文時代末期の土坑65基・集石遺構1基，擦文土器を伴う住居跡6軒・井戸跡1基，近世アイヌ文化期の墓坑3基・配石遺構1基が検出されている。これら遺構に伴う土器・石器・大刀・釣針などのほか，縄文時代早期・中期の土器も出土している。

◆天王壇古墳 本宮町文化財調査報告書第8集 福島県本宮町教育委員会刊 1984年3月 B5判 74頁

福島県の中央部，北流する阿武隈川東岸の南ノ内丘陵，安達郡本宮町南ノ内に所在する。周溝の一部の調査で，多くの埴輪が検出されており，5世紀後半の築造とされる造り出しを有する円墳である。

◆千葉市文化財調査報告書第8集 —星久喜遺跡発掘調査報告・田向南遺跡発掘調査報告 千葉市教育委員会社会教育部文化課刊 1984年3月 B5判 292頁

星久喜遺跡は千葉市中央部を流れる都川の左岸の洪積台地上に位置する。弥生から古墳時代にかけて住居跡36軒・方形周溝墓4基・土坑2基のほか堀・溝が検出されている。田向南遺跡は都川の右岸の舌状台地上に位置する。縄文時代中期の土坑1基，弥生時代後期の住居跡12軒・溝2本，古墳時代の住居跡19軒・溝15本・土坑9基・古墳1基，中・近世の土坑114基 溝などが検出されている。遺物はこれらに伴う土器のほか勾玉・管玉・宋銭が出土している。

◆八幡添遺跡 長野県上高井郡高山村四ツ屋遺跡群 上高井郡高山村教育委員会刊 1984年3月 B5判 53頁

長野県の北部，松川扇状地の扇頂部，八木沢川の右岸の段丘に立地する遺跡である。縄文時代中期の住居跡13軒・炉跡4基・土坑3基・集石5基，古墳時代前期の土坑1基が検出されている。遺物は縄文中期の土器・石器・土製品・獣骨のほか，旧石器・弥生・平安時代の土器も検出されている。

◆上新バイパス関係遺跡発掘調査報告I 今池遺跡・下新町遺跡・子安遺跡 新潟県埋蔵文化財調査報告書第35集 新潟県教育委員会刊 1984年3月 A4判 374頁

新潟県南西郡，頸城平野の中央部を流れる関川の右岸に立地する遺跡である。3遺跡の調査報告で奈良時代から中世にかけての掘立柱建物跡約160軒・住居跡2軒・井戸34基・柵・土坑・土坑墓・溝などが検出されている。遺物は土師器・須恵器・陶磁器・瓦・木製品・瓦塔・石製品・木製仏像など多数ある。とくに今池遺跡は越後国府としての可能性を有するものである。

◆平隆寺（付）奈良市高畑町八王子神社出土懸仏 奈良県史跡名勝天然記念物調査報告第47冊 奈良県立橿原考古学研究所刊 1984年3月 B5判 160頁

奈良県西北部三郷町を流れる大和川の北岸の丘陵上に位置する飛鳥時代創建の寺院跡。昭和49年に行なわれた調査報告で，創建当初の伽藍は四天王寺式伽藍配置が想定されている。付として奈良市高畑町の千鳥家内の八王子神社社殿基壇内より出土した懸仏と鏡像100点・こけら経などの調査報告を載せる。

◆上辻・鋳銭司 大歳・今宿西 山口県埋蔵文化財調査報告第76集 山口県教育委員会・建設省山口工事事務所刊 1984年3月 B5判 142頁

山口県山口市にある国指定史跡周防鋳銭司跡の南東500mの沖積

段丘に位置する3地区の調査報告。平安時代から江戸時代初期にかけての掘立柱建物跡74棟・溝15条・井戸2基・土坑墓5基・土坑37基が検出されている。遺物は土師器・瓦器・陶磁器のほか，和鏡・銭などである。集落遺跡の構造の一端を窺えるものである。

◆四国縦貫自動車道関係埋蔵文化財調査報告 愛媛県埋蔵文化財調査センター刊 1984年3月 B5判 本文編176頁 図版編101頁

愛媛県東部，宇摩平野の南に存在する丘陵に位置する西ノ谷・丸山I・II・与五郎塚古墳・藤谷池東・経ヶ岡古墳・四ツ手山・四ツ手山古墳・桜木山石棺群の遺跡の報告である。弥生時代の住居跡5軒・土坑・壺棺・前方後円墳・円墳・箱式石棺が検出されている。

◆田村遺跡—II— 福岡市埋蔵文化財調査報告書第104集 福岡市教育委員会刊 1984年3月 B5判 122頁

福岡市を流れる室見川の東岸，早良平野の中央部の沖積地に位置する。2地点の調査で縄文時代の埋甕，弥生時代の河川・井堰・石組・杭列，古墳時代から中世の土坑・溝・掘立柱建物群・土坑墓などが検出されている。出土遺物はこれらに伴う土器のほか，杭・横木材586点・農耕具25点・建築材7点が出土している。

◆Shell Mound 第2号 東日本考古学同人会 1984年4月 B5判 26頁

東北地方の石庖丁小考…乾 芳宏
埼玉県東松山市雷原採集の先土器時代資料………………奥野麦生
福島県双葉町郡山貝塚採集の考古学的資料（I）
………吉野高光・志賀敏行
福島県いわき市森戸貝塚出土縄文後期前葉の土器について
………大竹憲治・木幡成雄
福島県矢吹町行馬遺跡出土の土師器………………………鈴木 功

◆群馬県立歴史博物館紀要 第5号 群馬県立歴史博物館 1984年3月 B5判 134頁
火山災害の季節
………原田恒弘・能登 健
西上州における宝篋印塔の変遷—隅飾の形態変化に着目して—
………磯部淳一
千網式土器の再検討（1）—特に研究史を中心として…飯島義雄
◆研究紀要 1983 埼玉県埋蔵文化財調査事業団 1984年3月 B5判 112頁
埼玉県における古墳出土遺物の研究 I—鉄鏃について—
………小久保徹・浜野一重利根川章彦・山本禎ほか
関東における後期弥生集落の一様相—複数の炉を持つ住居をめぐって………井上尚明
埼玉県出土の鉄滓と鉄塊
………高塚秀治・桂 敬高橋恒夫・村上雄ほか
◆埼玉県立博物館紀要 10 埼玉県立博物館 1984年3月 B5判 159頁
県立博物館が所蔵・保管する比企郡出土の形象埴輪について
………金井塚良一
須和田式土器の再検討
………関 義則
美里村河輪神社境内出土の弥生土器………柿沼幹夫
◆埼玉考古 第22号 埼玉考古学会 1984年7月 B5判 90頁
荒川低地の開発に関する先史地理的研究………三友国五郎
利根川南岸低地帯の遺跡について………栗原文蔵
シンポジウム 北武蔵の古代寺院と瓦………高橋一夫・大江正行有吉重蔵・坂野和信酒井清治
◆君津郡市文化財センター研究紀要 II 君津郡市文化財センター 1984年3月 B5判 63頁
南関東地方の弥生時代後期の文様について………豊巻幸正
君津市戸崎城山遺跡の出土遺物についての一考察
………平野雅之・小石 誠
君津市大和田の虫神古墳について

………光江 章
木更津市矢那大原古墳出土の二環鈴………小沢 洋
平安時代前期における考古学から見た民間宗教儀礼……笹生 衛豊巻幸正・佐久間豊
◆貝塚博物館研究資料 第4集 縄文時代の石器—その石材との交流に関する研究— 千葉市立加曾利貝塚博物館 1984年3月 B5判 147頁
序説………後藤和民庄司 克・新井重三
石器に使用した石材の岩石学的研究………新井重三
加曾利貝塚およびその周縁の地形と地質的環境………新井重三
千葉市周縁地域より出土した石器用石材との比較………新井重三
加曾利貝塚出土石器用石材の原産地，採取地及び流入経路
………新井重三
◆東京考古 2 東京考古談話会 1984年4月 B5判 118頁
石器形態の復原………織笠 昭
「打越式土器」の再検討
………谷口康浩
銅鐸形土製品考………野本孝明
武蔵国分寺跡出土の土師質土器について………福田信夫
町田市森野出土の勝坂式土器装飾付把手二例………原田昌幸
◆物質文化 43 物質文化研究会 1984年8月 B5判 56頁
マルーラ遺跡の発見と東南ヨーロッパの初期後氷期研究
………中村友博
奉納経筒よりみた四国八十八ヶ所の成立………岡本桂典
近世の釘………金箱文夫
◆貿易陶磁研究 No.4 日本貿易陶磁研究会 1984年9月 B5判 151頁
貿易古陶磁研究の進展…三上次男
高槻市上牧・宮田遺跡出土の中国陶磁………橋本久和
龍野市福田天神遺跡SD01出土の中国陶磁…鈴木重治・橋本久和
草戸千軒町遺跡出土の陶磁器—I期の土器組成について
………篠原芳秀
博多出土陶磁器の組成について

………池崎譲二
鎌倉出土の陶磁器について
………手塚直樹
勝連城跡出土の陶磁器組成
………亀井明徳
堺環濠都市遺跡出土の陶磁器の組成と機能分担………森村健一
大阪菱木下遺跡出土の陶磁器
………佐久間貴士
浪岡城跡出土の陶磁器…工藤清泰
根来寺坊院跡における陶磁器の組成と機能分担………上田秀夫
福井県一乗谷における陶磁器の組成と機能分担………小野正敏
関西の鎌倉時代を中心とした貿易陶磁………橋本久和
「第4回貿易陶磁研究集会」その成果と課題………小野正敏
岡山県助三畑遺跡出土の陶磁器
………馬場昌一
新潟県馬場屋敷遺跡出土の陶磁器………川上貞雄
堺環濠都市遺跡出土の天正13年銘木簡及び共伴遺物
………北野俊明・野田芳正
Trade Ceramics in Southeast Asia and the Acculturation process………John Guy 田中恵子訳
葛西城址出土の青花盤台…古泉弘
潮州筆架山・長沙銅官窯見学記
…鈴木重治・橋本久和・吉村正親
◆古代 第77号 早稲田大学考古学会 1984年6月 A5判 84頁
出現期古墳の理解と展望—東国神門五号墳の調査と関連して—
………田中新史
西北九州における弥生時代後期土器様式の構成に関する一研究（前編）………常松幹雄
北茨城市八塚遺跡出土の土偶
………瓦吹 堅
常陸長辺寺古墳の円筒埴輪
…大橋泰夫・荻 悦久・水沼良浩
◆史観 第111冊 早稲田大学史学会 1984年9月 A5判 113頁
不定形剥片石器考—フィリピン・ルソン島ラトゥラトゥ洞穴の石器群の分析について…小川英文
◆信濃 第36巻第9号 信濃史学会 1984年9月 A5判 92頁
古代信濃における喪屋の実態

……………………桐原　健

◆研究紀要　1　1983　山梨県立
考古博物館　山梨県埋蔵文化財セ
ンター　1984年3月　B5判　57
頁
甲斐の郡（評）郷制
　　　　　　………………坂本美夫
金生遺跡発見の中空土偶と2号配
石…………………………新津　健
縄文時代早期・前期初頭の土器に
　ついて一釈迦堂遺跡群を中心と
　して一……………………小野正文

◆考古学の広場　第2号　考古学
フォーラム　1984年8月　B5判
30頁
直弧文をめぐって………立松　彰
東海地方における遺跡出土の竪杵
　について………………北野信彦
愛知県朝日遺跡出土銅滴の放射分
　析と鉛同位体比測定
　　………馬淵久夫・平尾良光
馬淵・平尾氏の報告に対するコメ
　ント………加藤安信・高橋信明

◆古代文化　第36巻第7号　古代
学協会　1984年7月　B5判　48
頁
中国鏡出土のレデフカ古墳
　　　　　　……………峰　巍
宇部台地における旧石器時代遺跡
　（2）一長桝遺跡第1地点　その
　（1）…山口県旧石器文化研究会

◆古代文化　第36巻第8号　1984
年8月　B5判　46頁
猿投窯灰釉陶器編年再考
　　　　　　………………森田　稔
チリューテペ墳墓から出土した二つ
　の王冠とその意義
　　　………Е. Е. クジミーナ・
　　　　　В. И. サリアディ

◆古代文化　第36巻第9号　1984
年9月　B5判　48頁
静岡県三ヶ日町殿畑遺跡出土の土
　器について（上）一条痕紋土器
　の研究…………………佐藤由紀男

◆史林　第67巻第5号　京都大学
文学部史学研究会　1984年9月
A5判　163頁
前漢鏡の編年と様式……岡村秀典

◆古代学研究　第105号　古代学
研究会　1984年8月　B5判　40
頁
特集・各地域における最後の前方

後円墳（東日本　1）
三重県……………………水口昌也
愛知県一尾張地方一……宮川芳照
岐阜県……………………八賀　晋
静岡県……………………辰巳和弘
福井県一若狭地方一……入江文敏
石川県一山伏1号墳を中心に一
　　　　　　………………小嶋芳孝
富山県……………………藤田富士夫
長野県一善光寺平地域一
　　　　　　………………小林秀夫
山梨県………小林広和・里村晃一

◆文化財学報　第3集　新井清先
生送別記念論集　奈良大学文学部
文化財学科　1984年3月　B5判
128頁
弥生時代中期・畿内社会の構造と
　セトルメントシステム
　　　　　　………………酒井龍一
前方後円墳の築造方法（一）鳥取
　県西穂波一六号墳を例にして一
　　　　　　………………植野浩三
平城京と葬地…………金子裕之

◆古代研　28・29　元興寺文化
財研究所　1984年7月　B5判
94頁
特集　地鎮・鎮壇
古代の地鎮・鎮壇………森　郁夫
中世の地鎮・鎮壇………木下密運
近世の地鎮・鎮壇………水野正好
和歌山における地鎮・鎮壇の遺構
　　　　　　………………松田正昭
中世城郭都市一乗谷における地鎮
　の諸例…………………水野和雄
平安京推定土御門内裏跡出土の輪
　宝………………………松井忠春
和歌山城出土の地鎮・鎮壇具
　　　　　　………………西山要一

◆古代を考える　38　古代を考え
る会　1984年8月　B5判　82頁
筑紫君磐井とその周辺
　　　　　　………………小田富士雄
磐井の乱前後一文献から見た5・
　6世紀の北部九州……山尾幸久

◆島根考古学会誌　第1集　島根
考古学会　1984年4月　B5判
117頁
島根県における縄文晩期凸帯文土
　器の一試考……………川原和人
『出雲風土記』記載の「意宇社」
　の再検討………………三宅博士
「山陰地域」における古墳形成期

の様相……………………房宗寿雄
横穴被葬者の地位をめぐって
　　　　　　………………山本　清
シンポジウム　岡田山1号墳研究
　の現状と今後の課題
岡田山1号墳の発掘と保存の足跡
　　　　　　………………池田満雄
岡田山1号墳の石室構造について
　　　　　　………………川原和人
岡田山1号墳出土の大刀
　　　　　　………………勝部　昭
岡田山1号墳出土の馬具類につい
　て………………………西尾良一
岡田山1号墳研究の現状と問題点
　　　　　　………………渡辺貞幸
『氏姓制』研究史瞥見
　　　　　　………………野々村安浩
横田町の縄文早期押型文土器
　　　　　　………………杉原清一
石見における群集墳の一例
　　　　　　………………柳浦俊一
江戸時代の温泉遺構……藤原久良

◆土佐史談　166号　土佐史談会
1984年8月　A5判　53頁
土佐神道考古学一土器（かわらけ）
　考一……………………岡本健児

◆遺跡　第26号　遺跡発行会
1984年9月　B5判　166頁
愛媛県埴輪研究史…名本二六雄
愛媛県における埴輪研究の現状と
　課題……………………森　毅
金子山第2号墳出土の埴輪
　　　　　　………………真鍋修身
高縄半島の埴輪…………正岡睦夫
砥部川流域の埴輪………十亀幸雄
松山市別府飯岡神社境内出土の須
　恵質円筒埴輪の特質
　　　　　　………………名本二六雄
北条平野と道後平野の埴輪
　　　　　　………………常盤　茂
道前平野の埴輪一周桑郡丹原町古
　田明堂出土埴輪………豊田正伸
愛媛県埴輪出土遺跡一覧表
愛媛県埴輪出土遺跡分布図
弓削島高浜神社遺跡の先土器時代
　遺物……………………十亀幸雄
高知県中村市三里遺跡出土の縄文
　後期三里式粗製土器…木村剛朗
道後地域における横穴式石室の導
　入………………………正岡睦夫
越智郡朝倉村内ケ畑出土の緑釉陶
　器………………………正岡睦夫

103

学界動向

「季刊 考古学」編集部編

——————— 九州地方

弥生中期のカメ棺から人骨　熊本県教育委員会が発掘調査を進めている熊本市出水2丁目の神水（くわみず）遺跡で，弥生時代中期の住居跡やカメ棺群が出土し，比較的保存状態のよい男女の人骨計5体が発見された。同遺跡では大正5年以来調査が続けられており，縄文時代から平安時代までの数多くの遺構や遺物が出土しているが，今回の調査は水前寺・江津湖公園整備計画の工事に伴うもの。14基の合口カメ棺（大型6基，小型8基）と，木の蓋をしたとみられる大型単棺1基（成人女性人骨1体），それに木棺が出土，合口カメ棺のうち須玖タイプの大型のもの4基には成人の男性1体と女性2体（いずれも30歳ぐらい），それに16～17歳の女性人骨1体が納められていた。保存状態がよく貴重な出土となったが副葬品はなかった。さらに江津湖寄りの地区からは昨年，弥生時代中期の住居跡8軒のほか，同中期（黒髪式土器伴出）の青銅製鉇が出土している。

弥生中期前半の銅矛鋳型　九州横断自動車道開通に伴う国道263号バイパス建設のため，佐賀県佐賀郡大和町教育委員会が発掘調査を進めていた同町の惣座遺跡で，弥生時代中期前半とみられる銅剣・銅矛を作った鋳型片が発見された。この鋳型片は長さ5.2cm，幅4.4cm，厚さ2.2cmで，上下2面が銅剣用，側面の1つが銅矛用で，銅矛の根元部分の飾りとなる節帯を型取る3本の溝がついている。この鋳型によって作られた銅剣は30cm，銅矛は20cm前後とみられ，銅剣が作られた後に鋳型が壊れ，銅矛用に転用されたのではないかとみられている。銅矛は最古型式の細形のものであり，

青銅器の鋳造が中期前半までさかのぼる貴重な資料として注目されている。

肥前国から石人石馬　佐賀市久保泉町川久保の西原古墳から石人石馬の一種とみられる石製品が発見された。この石製品は20年ほど前に古墳の所有者が前方部とみられる場所で発見し，自宅に持ち帰って庭の泉水に使っていたもので，見学会でみつけた人が佐賀県教育委員会へ持ち込んでわかった。高さ74cm，最大幅45cm，最も厚い部分が15cmで，阿蘇の凝灰岩を加工しており，上部が二又に分かれていることから靫か鞆でないかとみられている。西原古墳は佐賀県内では中規模の前方後円墳で，全長55m。彩色した家形石棺や円筒埴輪が出土しており，時期的には石人石馬が始めて用いられた石人山古墳より，やや後出のものとされている。

早良平野から大カメ棺墓群　福岡市教育委員会が調査を進めている福岡市西区の飯盛遺跡で弥生時代のカメ棺600基以上と細形銅剣など多くの副葬品が発見された。中でも弥生時代前期末の金海式カメ棺は口径1m，全長1.8mの合口式のもので，これほど大型のものは珍しい。このカメ棺の中からは長さ29.8cmの細形銅剣がみつかった。さらに，その他のカメ棺からは素環頭大刀，古墳時代の石室からは陶質土器や環頭大刀，馬具，玉などの副葬品が出土した。遺跡は伊都国と奴国にはさまれた地域で，この一帯にかなりな規模の国があったとみられる。

久留米にも水城？　福岡県久留米市上津町馬場の2つの丘陵にはさまれた平野部で，久留米市教育委員会が上津土塁と名づけた一角を掘っていたところ，厚さ約2mにわたって版築層がみつかった。また最下層には丸木材数本や広葉

樹の枝などが並べられていた。またこうした盛り土は数カ所でみられ，現在残っているのは中央付近の長さ約20mの土塁だけだが，総延長は450m，幅45m，高さ4～5mほどあったとみられる。周辺に残る条里制地割りがこの土塁を境としてずれることから，この土塁は8世紀前半より前に築かれていること，出土した土師器は古墳時代後期，古道と土塁が交差する地点から門礎とみられる大石群が出土している。明治33年の地図に3つの土塁が記されていること，土塁の東側に堀の存在をうかがわせる話が地元にあることなどから，大宰府を守る南の水城でないかと推定されている。

——————— 中国地方

鎌倉期の土壙墓　岡山県古代吉備文化財センターが発掘調査を進めている岡山市原尾島の百間川原尾島遺跡で，鎌倉時代初期の土壙墓から鏡や青磁，白磁などの副葬品を伴った人骨2体が発見された。土壙墓は5基で，人骨や副葬品がみつかったのはそのうちの2基。中国南宋時代の湖州鏡（直径13.2cm）は成人男性を横臥屈葬したとみられる人骨の頭部脇から発見された。六花文のもので，「湖州真石叔家青銅照子」と5字2行の銘文がある。鏡に木材の一部が付着していたことから木箱に入っていたらしい。このほか龍泉窯系の青磁碗と同安窯系の青磁皿各1点が出土，また成人男性を仰臥伸展葬したとみられる別の墓からは白磁6点が完形でみつかった。中世の墓で鏡や6点もの白磁の副葬は珍しい。

鰭付埴輪棺や竪櫛　鳥取県立布勢総合運動公園整備に伴って，県教育文化財団が発掘調査を進めていた鳥取市の里仁古墳群で鰭付きの埴輪棺をはじめ，大量の竪櫛，

鉄器など豊富な遺物が発見された。今回調査の対象とされたのは32号から35号墳までの4基で，いずれも中期の方墳。埋葬の種類は木棺，土壙墓，埴輪棺，箱式石棺と多種で，32号墳からは竪櫛十数本を納めた箱式石棺（幅55cm，長さ1m）をはじめ，鰭付き埴輪棺（長さ80cm，直径30cm），土壙墓など4つの埋葬施設があった。また35号墳からは箱式石棺の両端から16本の竪櫛が出土したほか，鉄剣2本，刀子，鉄針，管玉，鉄斧，鉄鎌などがみつかった。竪櫛は朽製で，歯は欠けて漆を施した基の部分だけが残っていた。このほか33号墳からは木棺，土壙墓と鰭付き埴輪を伴う埴輪棺の3つの埋葬施設が発見され，鉄鏃22本，鉄斧2本，鉄ノミ，鉇，鉄剣，鉄鎌などが出土した。

───────── 近畿地方

弥生中期の大型方形周溝墓 弥生時代から古墳時代へかけての複合遺跡である大阪市平野区加美東の加美遺跡を発掘調査していた大阪市教育委員会と大阪市文化財協会は南北27m，東西15m，高さ約2mにわたって盛土をし，幅6〜7mの溝をめぐらした弥生時代中期としては全国でも最大規模の方形周溝墓を発見した。主体部には高野槇製の木棺19基（2月20日現在）が発見され，人骨も残存していた。また副葬品として弥生中期の土器や木製高坏などがあった。盛土の量だけでも推定550m³もあり，古墳時代並みの権力者の墓として注目されている。同遺跡ではこの上層から庄内式土器や布留式土器を伴う方形周溝墓46基が発見されており，玉杖や小型仿製鏡などが出土している。

河内鋳物師の遺跡 大阪府南河内郡美原町下黒山の真福寺遺跡で大阪府教育委員会と大阪文化財セ

ンターによる発掘調査が行なわれ，鎌倉時代の梵鐘鋳造遺構と多量の鋳型片がみつかった。遺構は9基あり，うち約2m四方の土壙から500点を越す鋳型片が出土，唐草文や二ツ巴文，蓮弁文が残された鋳型片も約30点含まれており，13世紀半ばに築造された梵鐘の鋳造場所と推定されている。さらに直径約2mの円形土壙からは鉱滓が出土しており，溶解炉の破片や焼土も出土したことから，約400m²の範囲に一大工房群が広がっていたとみられる。梵鐘銘「黒山郷」の存在から，この地域に東大寺大仏の再興や鎌倉新大仏の鋳造を手がけた河内鋳物師の本拠地があったと考えられている。

須恵器の流通倉庫 堺市陶器北にある古墳時代後期の小角田（こかんだ）遺跡から多数の倉庫跡と須恵器の破片が大量にみつかった。堺市教育委員会の調査によって6世紀後半から7世紀初めにかけての倉庫11棟と住居跡1軒が確認されたもので，倉庫の最大のものは7×4.7mあり，柱穴も1m×80cmあって6世紀後半としては最大級。また倉庫周辺の溝やピットなどから整理箱400個もの須恵器片がみつかった。高坏，壺，甕などあらゆる種類を含んでいるが，いずれもひずみがあったり，焼きむらがあるなど不良品ばかりだった。同遺跡は古代窯業の中心地であった陶邑の一角であることから，先に発掘された辻之遺跡（西方約1.0km）とともに須恵器の集積場で，ここで製品を選り分け，各地に出荷したとみられる。

海会寺遺跡から塔跡と東側基壇（金堂跡） 泉南市信達大苗代の海会寺（かいえいじ）跡で泉南市教育委員会による発掘調査が行なわれ，白鳳期の寺院遺構がみつかった。同遺跡は昭和初期の調査で法隆寺式の伽藍配置をもつ大寺院と

推定されていたが，一丘神社の境内にあるため詳しい調査ができず，ようやく昭和58年度から3年計画で調査が進められていた。その結果，これまで講堂跡とみられていた遺構は2つの基壇に分かれ，西側基壇については塔跡であることが，また東側基壇は，金堂跡となる可能性が強いことが判明した。塔跡は乱石積みの基壇（高さ1.6m）で東西13.2m，基壇部に3個の礎石が残っており，五重塔の可能性もある。金堂跡も乱石積みの基壇（高さ現存1.2m）だった。また塔跡から青銅製の舌と風招を残した風鐸（長さ約25cm）や導仏2点（川原寺出土のものに類似），塑像の破片が，金堂跡から下半身部分の如来座像片が出土した。瓦などから大和との強い関連がうかがえる。

平城宮域外から三彩瓦 奈良市教育委員会が調査を進めている市内法華寺町の住宅予定地で緑釉や三彩の屋根瓦片多数を発見したが，平城宮以外の場所で三彩瓦の出土はきわめてまれなだけに，同地区が特別な地域だった可能性が強いとみられている。同地は平城京左京二条二坊十二坪に当たっており，昭和57年の調査で礎石建の正殿や回廊状建物，「相撲所」の墨書土器が出土している。昨年残りの東半分を調査した結果，同回廊付近から緑釉や三彩の瓦片が約200点出土した。前回の調査でも約100点出土していたことがわかり，また平城宮と同范の唐草文軒平瓦や軒丸瓦片もあり，出土状況からこの建物で使われていたことがわかった。

大峯山寺から純金の仏像 役小角が白鳳時代に開いたとされる奈良県吉野郡天川村の大峯山寺（標高1,719mの山上ヶ岳山頂）で重要文化財の本堂解体修理に伴う発掘調査が県立橿原考古学研究所に

105

学界動向

よって行なわれ，平安時代の純金製阿弥陀如来像や和鏡など当時の皇族・貴族の奉納品とみられる遺物約1,000点が発見された。遺物が出土したのは中世～近世にわたって幾度か本堂が改修された際の整地層で，遺物のうちとくに注目されるのは平安時代の純金製の阿弥陀如来座像（高さ2.85cm，重さ32g）と菩薩座像（高さ3.12cm，重さ25g）の二仏。小像だが造りは丁寧。そのほか金銅製蔵王権現や観音菩薩像などの仏像類，八稜鏡や円鏡などの鏡，経筒断片，ガラス・水晶製の経軸端，花鳥文を毛彫りした金銅鈴，宝塔残欠，奈良～江戸時代の銭貨，護摩を炊く際に入れられたとみられる黒色土器（平安時代前～中期）や三彩陶，白磁，青磁などがあり，山岳信仰の広がりと深さが知られる。

新タイプの三角縁神獣鏡　京都府城陽市教育委員会が発掘調査を進めていた城陽市の芝ケ原古墳群11号墳から，これまで出土例のない三角縁神獣鏡が発見された。11号墳は13基ある芝ケ原古墳群中最大の円墳で，直径が56.4cmある。三神四獣鏡は残りの一神の部分に松葉文が入る異例のもの。また銘文は不明の4文字を含め22文字あって，「吾作明鏡甚大好　上右百鳥□□□　今為清鏡日出卯　□」と読める。しかし8字目以下は初のケースで，決まったパターンの吉祥句ではなく，かなり個性的。また文字と文字の間に有芯円文と鋸歯文が入っていた。

弓木城跡から長大な墓壙　京都府与謝郡岩滝町教育委員会は同町弓木にある代表的な中世山城の1つ，弓木城跡出丸の発掘調査を行なっていたが，城の遺構はみつからずに地表下約1.3mに礫床のある墓壙3基が発見された。墓壙は長さ8.1m，幅3.4mの長大なものを中央に，東側に長さ6.2m，

幅2.4m，西側に長さ5.1m，幅2.8mと3基平行に並んでおり，親指大～拳大の礫がぎっしり敷きつめられていた。棺は朽ちて残っていなかったが，いずれも木棺が安置されていたとみられる。中央の墓壙からは直径9.8cmの獣形鏡と鉇などの鉄製品，勾玉3点，管玉17点，算盤玉1点，歯3個と骨片，西側の墓壙からは長さ33cmの鉄剣が出土した。古墳の形状は不明だが，4世紀後半に築造されたものと考えられ，日ノ内古墳と名づけられた。

古墳時代の製鉄炉跡　滋賀県教育委員会と伊香郡木之本町教育委員会は同町古橋の古橋遺跡で発掘調査を行ない，古墳時代の長方形箱形製鉄炉跡を発見した。製鉄炉跡がみつかったのは与志漏神社本殿から約100m北方の尾根斜面で，山の斜面を削り取り，表面の平らな岩を利用して製鉄炉の底面にしたと思われ，焼け土の残り具合から幅50cm，長さ2.2mの長方形の炉があったとみられる。炉跡からは鉄滓と須恵器片が出土し，古墳時代後期（6世紀後半）に比定される。なお付近には昔金が出たという金糞岳や，最近まで銅，金，銀，鉄が採掘されていた土倉鉱山がある。

─────── 中部地方

弥生中期中葉の大型住居跡　愛知県教育委員会サービスセンター埋蔵文化財調査部が発掘を進めている愛知県海部郡甚目寺町の阿弥陀寺遺跡で，弥生時代中期中葉に廃絶された大型住居跡が発見された。直径60cmの柱穴をもつ方形プランで，10m×（12m）あり，同時代の住居跡としては大型のもの。周辺からみつかった方形住居跡4軒は長辺6m前後といずれも小規模だった。大型住居跡の南部分は幅10cmの壁溝をめぐらして

いるが，北半分は不明。火災にあったとみられ，炭・焼土が広がっていたが，土器片はあまり出土しないことから，集会所的な建物だったらしい。東海地方では弥生集落の発掘例が少なく，また円形住居の多い関西とは趣を異にしていることが注目される。

鳥浜貝塚第9次調査　福井県教育委員会が発掘を進めている福井県三方郡三方町鳥浜の鳥浜貝塚第9次調査が終了し，縄文時代前期の住居跡2軒や隆起線文土器などが発見された。住居跡は一辺約4mの隅丸方形のものに楕円形のものが重なり合っていた。方形住居跡の中心よりやや東寄りに直径約80cmの土が焼けた炉跡が，また楕円形住居跡のほぼ中心に石組炉跡があり，石皿の廃材を使った9個の石が組まれていた。また東側には直径1.3mの，大量のドングリの実が入った貯蔵穴が4基みつかった。さらに例のない刺突文，斜格子文，爪形文と3種の文様が施された草創期の土器片や，隆起線文土器片，復元がほぼ可能な丹彩された北白川下層Ⅱ式土器（口径14cmの浅鉢）のほか，丸木弓，石器，骨角器，木製品，獣魚骨など約35,000点が出土した。

11世紀の郡衙跡？　金沢市千木町の北陸自動車道東インター入口横で，金沢市教育委員会が発掘中の千木ヤシキ田遺跡から，11世紀代の掘立柱建物跡群が発見された。9世紀代（一部8世紀）を中心にした中小クラスの掘立柱建物跡4棟に並んで11世紀代の掘立柱建物跡4棟が確認されたもので，大型のものが多く，最大のものは6m×26.1m（推定）ある。柱の掘方は幅1.4m前後に掘り，厚い一枚板を十文字に敷いてその上に柱を建て，沈まないよう工夫しているものもある。また建物の近くには地鎮祭に使われたらしいピット

が9ヵ所あり，直径30〜50cmの穴に土師器椀数十個を埋納したもの4ヵ所，直径1mのものが2ヵ所，主の掘方や小穴に和同開珎など奈良時代の3種類の銅銭数十個を埋納したもの3ヵ所が発見された。これらの結果から，加賀郡衙跡でないかと推定されているが，11世紀代まで続いた郡衙跡の例は少ない。

─────────── 関東地方

光明寺鎮壇遺構を発掘　光明寺境内遺跡発掘調査団が発掘を進めている鎌倉市材木座の浄土宗大本山光明寺境内の鎮壇遺構から土器や数珠玉，銅鏡，穀物などが大量に出土，14世紀後半の遺構としてこれだけの量のものが出土したのは珍しく，中世の鎮壇の方法を解明するのに貴重な資料とみられている。現場は開山堂の北にあたり，元の書院と寺務所があったところで，1.35×1.2mの方形の鎮壇遺構から数珠玉84点，銅鏡4面，かわらけ約140枚，銅銭（宋銭）約1,000枚，大刀など4〜5振，さらに大麦・小麦・米・小豆・大豆などの穀物類が発見された。穀物は炭化しており，鎮壇に埋納物を投げ入れて焼いたか，焼きながら埋納したかのどちらかとみられている。また周辺からは40cm×50cmの礎石も出土しており，当時ここに大きな建物があったとみられている。

─────────── 東北地方

仙台城二の丸跡を発掘　東北大学の埋蔵文化財調査委員会（委員長・石田名香雄学長）が発掘を行なっている東北大学川内キャンパス（仙台市川内）内の仙台城二の丸跡の通路や建物，塀の一部と推定される地下遺構が良好な状態で発見された。二の丸は二代藩主忠宗が寛永15年（1638）から翌年に

かけて建てたもので，以後政治・行政や藩主の生活の中心となった場所。明治15年の火災ですべて焼けた後，旧第二師団や米軍の駐屯地をへて，現在文科系4学部と付属図書館，生協などが建っている。今回調査されたのは付属図書館前で，二の丸の北東隅に当たる所。塀の基礎とみられる大礫を敷いた溝3条，その垂直方向に約2m間隔で3つの掘立柱跡などが検出された。また瓦約100点や灯明皿など江戸時代の陶磁器も発見された。なお，4月からは二の丸中奥（大奥）の第一次調査が始められる予定。

─────────── 北海道地方

札幌駅から続縄文期の遺跡　札幌市教育委員会が進めていた札幌駅北口（北区北6条西4丁目）の発掘調査で，続縄文時代後期の大規模な遺跡が発見された。包含層は約8層からなり，厚さは1.1〜1.2mあったが，層の間には，川の氾濫を物語る砂層が幾重にも入っていた。遺構は，炉跡（焼土）が約140基，直径5〜43cmの柱穴跡約1,200本，ピット10基が見つかっている。焼土および包含層のフローテーションの結果では，多量のサケ属の魚骨のほか，陸獣の骨，クリ・クルミ・ドングリなどの堅果，各種の種子も検出されている。また，ガラス製小玉や管玉，北海道内で最も古い土製紡錘車（直径6cm）などのほか，東北地方の弥生時代後期の土器群やオホーツク文化・弥生文化に特有な角柱状石斧5点なども含まれており，同時代には南北各地との交流が盛んだったことがわかった。

擦文中期のガラス工房跡　旭川市錦町10の錦町5遺跡では旭川市教育委員会によって発掘調査が進められているが，昨年夏に調査された鍛冶場跡から鉄滓と一緒に出

土したガラス片5点を新日鉄八幡研究所に送って調査を依頼したところ，珪砂を溶かして作った板ガラスと判明した。大きさは2cmから4.5cmほどのもので，同じ鍛冶場で鉄の加工とガラス製造を行なっていた可能性が強く，板ガラスは玉などに加工する素材でないかとみられている。

─────────── 学会・研究会ほか

国史跡に新しく6件指定　文化財保護審議会（小林行雄会長）は2月22日，佐世保市の泉福寺洞窟など6件を新たに国の史跡に指定するよう松永文部大臣に答申した。今回の指定が決定すると国の史跡名勝天然記念物は2,385件になる。

○山形城跡（山形市霞城町）　最上義光時代に拡張整備された近世初期の城郭。

○日高遺跡（群馬県高崎市日高町・中尾町）　弥生〜平安時代の集落跡で，とくに弥生時代は水田，集落，墓地が同時に確認された。

○保渡田古墳群（群馬県群馬町）　5世紀末〜6世紀前半にかけての前方後円墳3基があり，優秀な馬具などを出土した。

○大塚・歳勝土遺跡（横浜市港北区）　弥生時代中期の環濠集落跡と方形周溝墓群が隣り合っている貴重な例。

○寒風古窯跡群（岡山県邑久郡牛窓町）　7世紀前半から8世紀に操業した窯で，平城宮跡からも同窯産の須恵器が出土している。

○泉福寺洞窟（長崎県佐世保市瀬戸越町）　縄文時代草創期を中心とした洞窟住居跡で，出土した豆粒文土器は縄文土器の起源を探る上で貴重。

日本考古学協会第51回総会　4月28日，29日の両日，東京都世田谷区の日本大学文理学部校舎において開催される。

■第12号予告■

特集　縄文時代のものと文化の交流

1985年 7 月 25 日発売
総 108 頁　　1,500 円

石器時代の「分業」と「交易」……戸沢充則
先土器・縄文時代の生産と流通
　　先土器時代の石器の原料と技術…安蒜政雄
　　サヌカイトと石器製作址…………松藤和人
　　黒曜石の原産地と供給圏…………斎藤幸恵
　　石斧の大量生産…………………鈴木次郎
　　縄文時代の土器製塩と需給………堀越正行
　　玉作りとその分布圏………………栗島義明
　　アスファルトと東北の地域圏…安孫子昭二
縄文土器の交流
　　文様の交流と土器の型式変化……小杉　康
　　持ち運ばれる土器…………………阿部芳郎
　　土器作りの粘土の移入…………瀬川裕市郎
　　同じ顔の土偶……………………小野正文

流通の手段と方法
　　尾根と谷づたいの道………………宮下健司
　　離島の生活と交通………………橋口尚武
　　物資の交流を支える基盤…………後藤和民
縄文文化と海外の交流……………藤田富士夫

<講　　座>　古墳時代史11―反乱伝承と古
　　　　　　　墳(2)…………………石野博信
<講　　座>　考古学と周辺科学 8 ―民俗学
　　　　　　　………………………立平　進
<調査報告>　京都府扇谷遺跡ほか
<書　　評>　<論文展望>
<文献解題>　<学界動向>

編集室より

◆人と動物のつき合いのロマン――などといったら研究者にはお叱りを頂戴しそうであるが，少なくとも人間生活，ことに先史人の生活には欠かせないものであったろうと思われる。動物と人間とのかかわりは，動物が信仰の対象となるのはもちろん，実生活においての衣・食・住の機能面により多くかかわりの実蹟を残しているようである。しかし動物は，動物学的研究においてこそはじめて明らかになる。その動物学的研究を考古学的問題にとらえ直すとき，その時代の全体的様態にかかわってくる。こ

の特集はそうした方向から先史時代を照射したものであり，戦後の成果の分析として高い評価を得られたろうと思っている。　（芳賀）
◆遺跡から発見される動物遺存体は食料の残渣であり豊穣を祈る対象物であり，さらには重要な生活の道具でもあった。本特集では主に狩猟漁撈の最も盛んであった縄文時代に焦点をあてて，動物と人間とのかかわりを追究した。それは即ち，豊かな海の幸，山の幸にめぐまれた日本の文化の発達と変化をたどることにもつながるのであろう。たった 1 片の細かな骨の破片も実に多くの歴史を語ってくれる。　（宮島）

本号の編集協力者――金子浩昌（早稲田大学講師）
1931 年東京都生まれ，早稲田大学卒業。「動物遺存体」（考古学ゼミナール）「貝塚の獣骨の知識」「貝塚に見る縄文人の漁撈生活」（自然，1980―2）「古代人と動物たち」（アニマ，121）「狩猟対象と技術」（縄文文化の研究，2）などの編著書・論文がある。

■ 本号の表紙 ■
北海道青苗貝塚の貝層と獣骨出土状況

　青苗貝塚は渡島半島の西方約 20 km の日本海上に浮ぶ奥尻島にある貝塚で，その南端，比高 24〜30 m の段丘末端にある。代表的な擦文文化期終末期（平安時代）の貝塚として知られる。昭和 51・52 年に佐藤忠雄氏によって道路改良工事に起因する調査が行なわれ多くの資料を得ている。貝層はアワビを主体とする層があり，カサゴ類を主とする魚骨，それに大量のニホンアシカの骨が出土した。岬の南方海中に発達する岩礁の海がこうした資源を豊かにしたのであろう。アワビやアシカの毛皮などの交易物資を得るために夏にこの島に渡った人々の生活の跡であった。写真左上にアシカの尺骨，その左下に鹿角製の中柄，中央にアシカの脊椎骨がみられる。　　　（金子浩昌）

▶本誌直接購読のご案内◀

　『季刊考古学』は一般書店の店頭で販売しております。なるべくお近くの書店で予約購読なさることをおすすめしますが，とくに手に入りにくいときには当社へ直接お申し込み下さい。その場合，1 年分 6,000 円（4 冊，送料は当社負担）を郵便振替（東京3-1685）または現金書留にて，住所，氏名および『季刊考古学』第何号より第何号までと明記の上当社営業部までご送金下さい。

季刊 考古学　第11号　　　　1985年 5 月 1 日発行
ARCHAEOLOGY　QUARTERLY　　　定価 1,500 円

　　編集人　芳賀章内
　　発行人　長坂一雄
　　印刷所　新日本印刷株式会社
　　発行所　雄山閣出版株式会社
　　　　　　〒102　東京都千代田区富士見 2-6-9
　　　　　　電話 03-262-3231　振替 東京 3-1685
◆本誌記事の無断転載は固くおことわりします。
ISBN 4-639-00475-3　printed in Japan

季刊 考古学 オンデマンド版 第 11 号 1985 年 5 月 1 日 初版発行
ARCHAEOROGY QUARTERLY　　　　　　　　2018 年 6 月 10 日　オンデマンド版発行

定価（本体 2,400 円 + 税）

編集人　　芳賀章内
発行人　　宮田哲男
印刷所　　石川特殊特急製本株式会社
発行所　　株式会社　雄山閣　http://www.yuzankaku.co.jp
　　　　　〒 102-0071　東京都千代田区富士見 2-6-9
　　　　　電話 03-3262-3231　FAX 03-3262-6938　振替　00130-5-1685

◆本誌記事の無断転載は固くおことわりします　　ISBN 978-4-639-13011-6　Printed in Japan

初期バックナンバー、待望の復刻‼

季刊 考古学 OD　創刊号〜第 50 号〈第一期〉

全 50 冊セット定価（本体 120,000 円＋税）　セット ISBN：978-4-639-10532-9

各巻分売可　各巻定価（本体 2,400 円＋税）

号　数	刊行年	特　集　名	編　者	ISBN（978-4-639-）
創刊号	1982 年 10 月	縄文人は何を食べたか	渡辺 誠	13001-7
第 2 号	1983 年 1 月	神々と仏を考古学する	坂詰 秀一	13002-4
第 3 号	1983 年 4 月	古墳の謎を解剖する	大塚 初重	13003-1
第 4 号	1983 年 7 月	日本旧石器人の生活と技術	加藤 晋平	13004-8
第 5 号	1983 年 10 月	装身の考古学	町田 章・春成秀爾	13005-5
第 6 号	1984 年 1 月	邪馬台国を考古学する	西谷 正	13006-2
第 7 号	1984 年 4 月	縄文人のムラとくらし	林 謙作	13007-9
第 8 号	1984 年 7 月	古代日本の鉄を科学する	佐々木 稔	13008-6
第 9 号	1984 年 10 月	墳墓の形態とその思想	坂詰 秀一	13009-3
第 10 号	1985 年 1 月	古墳の編年を総括する	石野 博信	13010-9
第 11 号	1985 年 4 月	動物の骨が語る世界	金子 浩昌	13011-6
第 12 号	1985 年 7 月	縄文時代のものと文化の交流	戸沢 充則	13012-3
第 13 号	1985 年 10 月	江戸時代を掘る	加藤 晋平・古泉 弘	13013-0
第 14 号	1986 年 1 月	弥生人は何を食べたか	甲元 真之	13014-7
第 15 号	1986 年 4 月	日本海をめぐる環境と考古学	安田 喜憲	13015-4
第 16 号	1986 年 7 月	古墳時代の社会と変革	岩崎 卓也	13016-1
第 17 号	1986 年 10 月	縄文土器の編年	小林 達雄	13017-8
第 18 号	1987 年 1 月	考古学と出土文字	坂詰 秀一	13018-5
第 19 号	1987 年 4 月	弥生土器は語る	工楽 善通	13019-2
第 20 号	1987 年 7 月	埴輪をめぐる古墳社会	水野 正好	13020-8
第 21 号	1987 年 10 月	縄文文化の地域性	林 謙作	13021-5
第 22 号	1988 年 1 月	古代の都城―飛鳥から平安京まで	町田 章	13022-2
第 23 号	1988 年 4 月	縄文と弥生を比較する	乙益 重隆	13023-9
第 24 号	1988 年 7 月	土器からよむ古墳社会	中村 浩・望月幹夫	13024-6
第 25 号	1988 年 10 月	縄文・弥生の漁撈文化	渡辺 誠	13025-3
第 26 号	1989 年 1 月	戦国考古学のイメージ	坂詰 秀一	13026-0
第 27 号	1989 年 4 月	青銅器と弥生社会	西谷 正	13027-7
第 28 号	1989 年 7 月	古墳には何が副葬されたか	泉森 皎	13028-4
第 29 号	1989 年 10 月	旧石器時代の東アジアと日本	加藤 晋平	13029-1
第 30 号	1990 年 1 月	縄文土偶の世界	小林 達雄	13030-7
第 31 号	1990 年 4 月	環濠集落とクニのおこり	原口 正三	13031-4
第 32 号	1990 年 7 月	古代の住居―縄文から古墳へ	宮本 長二郎・工楽 善通	13032-1
第 33 号	1990 年 10 月	古墳時代の日本と中国・朝鮮	岩崎 卓也・中山 清隆	13033-8
第 34 号	1991 年 1 月	古代仏教の考古学	坂詰 秀一・森 郁夫	13034-5
第 35 号	1991 年 4 月	石器と人類の歴史	戸沢 充則	13035-2
第 36 号	1991 年 7 月	古代の豪族居館	小笠原 好彦・阿部 義平	13036-9
第 37 号	1991 年 10 月	稲作農耕と弥生文化	工楽 善通	13037-6
第 38 号	1992 年 1 月	アジアのなかの縄文文化	西谷 正・木村 幾多郎	13038-3
第 39 号	1992 年 4 月	中世を考古学する	坂詰 秀一	13039-0
第 40 号	1992 年 7 月	古墳の形の謎を解く	石野 博信	13040-6
第 41 号	1992 年 10 月	貝塚が語る縄文文化	岡村 道雄	13041-3
第 42 号	1993 年 1 月	須恵器の編年とその時代	中村 浩	13042-0
第 43 号	1993 年 4 月	鏡の語る古代史	高倉 洋彰・車崎 正彦	13043-7
第 44 号	1993 年 7 月	縄文時代の家と集落	小林 達雄	13044-4
第 45 号	1993 年 10 月	横穴式石室の世界	河上 邦彦	13045-1
第 46 号	1994 年 1 月	古代の道と考古学	木下 良・坂詰 秀一	13046-8
第 47 号	1994 年 4 月	先史時代の木工文化	工楽 善通・黒崎 直	13047-5
第 48 号	1994 年 7 月	縄文社会と土器	小林 達雄	13048-2
第 49 号	1994 年 10 月	平安京跡発掘	江谷 寛・坂詰 秀一	13049-9
第 50 号	1995 年 1 月	縄文時代の新展開	渡辺 誠	13050-5

※「季刊 考古学 OD」は初版を底本とし、広告頁のみを除いてその他は原本そのままに復刻しております。初版との内容の差違は
　ございません。

「季刊 考古学　OD」は全国の一般書店にて販売しております。なるべくお近くの書店でご注文なさることをおすすめしますが、とくに手に入り
にくいときには当社へ直接お申込みください。